W0300984

Sylvia Schaab | Werner Eschenbek

Aldi

Welche Marke steckt dahinter?

100 neue Top-Artikel und ihre Hersteller

südwest

Inhalt

Vorwort

Viel hat sich getan, seit im Sommer 2005 zum ersten Mal ein ganzes Buch die Markenhersteller, von denen die vermeintlichen Billigmarken bei Aldi stammen, hinter den Vorhängen hervorzog. Inzwischen hat es sich herumgesprochen, dass es auch ohne bekannte Markennamen gute Qualität geben kann, und so ist eine regelrechte Gegenbewegung zur bisherigen Verschleierungstaktik entstanden: Viele Markenhersteller schämen sich nicht länger dafür, dass ihre Produkte auch bei Aldi im Regal stehen.

Doch nach wie vor überwiegt bei Aldi die Zahl der Eigenmarken – und noch immer können mit ein bisschen Recherche die bekannten Markenhersteller entlarvt werden, die sich hinter ihnen verbergen. Seit dem Erscheinen des letzten Buches hat sich allerdings viel geändert: Der Discounter hat inzwischen jede Menge Bio-, Gesundheits- und Light-Produkte ins Programm aufgenommen, und auch in Kühlregal und Tiefkühltruhe warten zahlreiche neue Lebensmittel darauf, von Ihnen entdeckt zu werden. Dazu kommen jede Menge neue Produkte, die im ersten Aldi-Buch noch nicht vorkommen. Höchste Zeit also, die Aldi-Produkte noch einmal unter die Lupe zu nehmen und erneut ihre wahren Hersteller zu entlarven.

Der Marktanteil der Discounter am Lebensmitteleinzelhandel liegt mittlerweile bei mehr als 40 Prozent. Das ist eine ernst zu nehmende Größe, vor der auch die Markenhersteller ihre Augen nicht verschließen können. Diese Marktmacht ist es auch, die Aldi weiter dazu verhilft, günstig an Lebensmittel heranzukommen und diesen Preisvorteil an seine Kunden weiterzugeben. Wir bieten Ihnen einen Einblick in die Aldi-Welt und geben Ihnen Informationen zu den Herstellern der Artikel. Dabei erfahren Sie, wie häufig bekannte Markenhersteller hinter den Produkten im Aldi-Regal stecken. Doch noch immer gilt:

Auch wenn ein Markenhersteller Aldi mit Produkten beliefert, heißt das noch lange nicht, dass es sich um genau das gleiche Produkt handelt. Vieles, was speziell für Aldi produziert wird, weist eine andere Zutatenliste auf als die Markenprodukte selbst oder wird nach bestimmten Aldi-Vorgaben hergestellt.

Andersherum bedeutet No-Name keineswegs, dass Sie minderwertige Ware bekommen. Im Gegenteil: Die Qualitätsvorgaben von Aldi sind streng, und Produzenten, die diese Standards nicht einhalten, fliegen sofort aus den Aldi-Regalen. Denn Aldi will seinen Kunden nicht nur günstige Preise bieten, der Discounter ist auch für seine Qualitätspolitik bekannt. Die durchweg guten Ergebnisse von „Stiftung Warentest" und „Öko-Test" sind für Aldi günstige Werbung. Aldi Süd veröffentlicht deshalb sogar die aktuellen Testergebnisse auf seiner Internetseite. Daher nehmen wir auch Gütesiegel und andere Qualitätskriterien unter die Lupe, die Ihnen bei Aldi über den Weg laufen.

In jedem Fall bleibt es spannend, die Hersteller hinter den unbekannten Aldi-Produkten aufzudecken und so festzustellen, welche spektakulären Marken sich in Ihrem Aldi-Einkaufswagen versammeln. Wir wünschen Ihnen viel Vergnügen bei Ihrer Entdeckungstour durch das Aldi-Sortiment!

Ihre Sylvia Schaab und Werner Eschenbek

Alle lieben Aldi!?

Ein tiefer Graben durchpflügt das deutsche Volk: Auf der einen Seite stehen diejenigen, die Aldi und seine billigen Angebote lieben, auf der anderen Seite diejenigen, die sich angewidert von den „Billigprodukten“ abwenden und lieber auf Marke setzen. Zumindest die Aldi-Fans hinterlassen überall deutliche Spuren: Zahlreiche Webseiten und Bücher über Aldi und seine Produkte zeigen, wie beliebt der Discounter ist. Welcher Supermarkt kann sich das sonst noch an die Brust heften?

Doch bei Aldi heftet man sich gar nichts an die Brust. Im Gegenteil: In der Mülheimer Zentrale gibt man sich äußerst verschlossen. Es gibt keinen direkten Kontakt zur Presse. Anfragen an die Firmenleitung werden einfach nicht beantwortet. Und doch ist Aldi ständig als Thema präsent und wirkt mittlerweile als Vorbild für den ganzen Lebensmitteleinzelhandel.

Das zeigte sich besonders deutlich, als im Sommer 2007 ein Preisruck durch Deutschlands Lebensmittelregale ging. Angefangen bei der Milch, schlugen sich nach und nach auch in anderen Bereichen die gestiegenen Rohstoffkosten auf die Lebensmittelpreise nieder. Doch keiner traute sich so recht, die Preise zu erhöhen. Alle starrten gebannt auf Aldi, der in Sachen Preise zum Bezugspunkt geworden ist. Anfang September rang sich der Billigheimer dann dazu durch, die Preiserhöhungen an seine Kunden weiterzugeben. Dieser Schritt wurde aber sorgfältig geplant und durchgeführt – schließlich hat Aldi einen Ruf zu verlieren. Um das Kundenvertrauen nicht zu verlieren, warb Aldi sogar mit ganzseitigen Zeitungsanzeigen und auch in den Läden selbst um das Verständnis der Kunden. Es wurde betont, dass Aldi nichts an den Preiserhöhungen verdiene und dass die Preise wieder gesenkt würden, sobald es möglich sei. Die ganze Lebensmittelbranche atmete auf ... und zog ebenfalls mit Preiserhöhungen nach. Ob es tatsächlich eines Tages wieder Preissenkungen geben wird, bleibt abzuwarten. Schließlich liegen die Lebensmittelpreise in Deutschland nach wie vor weit unter dem europäischen Durchschnitt. Diese niedrigen Preise sind das Ergebnis der jahrelangen Preiskämpfe, die der Einzelhandel und die Kunden nicht zuletzt Aldi zu verdanken haben. Somit können wir uns über das aktuelle Kostenniveau eigentlich nicht beschweren.

Was ist dran an der Discounter-Idee?

Doch wie kam es dazu, dass Aldi die günstigen Preise überhaupt möglich machen konnte? Ganz einfach: Die Brüder Karl und Theo Albrecht machten aus der Not eine Tugend. Als sie nach dem Krieg das elterliche Lebensmittelgeschäft in Essen übernahmen, war das Sortiment relativ übersichtlich. Das kleine Angebot machten sie mit billigen Preisen wett. Und da sie weitere Geschäfte eröffnen wollten, hatten sie nicht viel Geld zur Investition in aufwendige Dekoration und Ladenausstattung oder für teure Werbung. Als sie merkten, dass sie mit kleinem Sortiment und wenig Ausstattung gut verdienten, blieben sie dabei.

Das Konzept war so erfolgreich, dass die Brüder bereits 1950 eine kleine Ladenkette mit 13 Geschäften hatten. Und es wurde munter weiter expandiert: 1961 setzten sie mit etwa 300 Filialen 90 Millionen Mark um. Der erste klassische Aldi-Markt wurde 1962 in Dortmund eröffnet. Der Name entstand aus einer Verschmelzung von „Albrecht“ und „Discount“.

Zu dieser Zeit trennten Karl und Theo Albrecht ihr Imperium in Aldi Nord und Aldi Süd. Die Grenze verläuft bis heute entlang der Ruhr zwischen Kassel und Dortmund. Um diese Trennung ranken sich viele Gerüchte; eines davon ist die Geschichte über Streitigkeiten über die Aufnahme von Zigaretten im Sortiment. Aber wahrscheinlich wollte man einfach nur aufwendige Absprachen vermeiden. Und so übernahm Karl Albrecht das Süd-Imperium mit Firmensitz in Mülheim an der Ruhr und Theo Albrecht das Nord-Imperium mit Sitz in Essen. Auch die Auslandsaktivitäten wurden in Nord und Süd aufgeteilt. Die beiden Aldi-Unternehmen arbeiten völlig getrennt voneinander. Lediglich bei größeren strategischen Entscheidungen wie bei der Preisgestaltung gibt es interne Gespräche.

Neueste Trends: Marken bei Aldi Süd

Obwohl Aldi auf die vertrauten Strukturen setzt, bleibt der Discounter Neuem gegenüber immer aufgeschlossen. Vor allem Aldi Süd setzt mit den Produktlinien „Be light“ und „bio“ auch farblich Akzente. Seit 2005 führen die Mülheimer die „Be light – Leichte Linie“ als Dachmarke für kalorien- und fettreduzierte Lebensmittel im Sortiment. Damit wird eine gesundheitsorientierte Zielgruppe angesprochen. Mit einem hellen Blau und einem besonderen Design heben sich „Be light“-Produkte von den anderen Produkten ab und erleichtern dem Kunden die Orientierung. Das Gleiche gilt für die Linie „bio“, die sich mit einem ökologischen Grün präsentiert.

Ganz so auffällig geht es bei Aldi Nord nicht zu. Dort gibt es Light-Produkte unter dem Label „Jogging“ oder „Leichte Linie“, das aber nicht alle Produkte tragen, die kalorien- und fettreduziert sind. Die Bio-Produkte werden unter dem Namen „Prima Bio“ verkauft. Allerdings ist das Sortiment nicht annähernd so groß wie im Süden.

Gemeinsam setzten die beiden Aldi-Imperien auf das Label „Leo Lausemaus“. Die Produkte zeichnen sich durch einen verminderten Fett- und Zuckergehalt aus und sind speziell für Kinder gedacht. Ein Blick in verschiedene Internetforen macht allerdings schnell klar, dass auch Erwachsene gerne zu diesen Produkten greifen.

Am Beispiel „Leo Lausemaus“ sieht man die Anzeichen für eine Trendwende: Die Heimlichtuerei der Hersteller hat ein Ende und Produzenten wie Böklunder machen ganz offen Werbung für ihr Markenprodukt bei Aldi. Die ständigen Qualitätskontrollen haben offensichtlich Aldi selbst zu einer Marke gemacht, der die Kunden vertrauen.
Gerade Aldi Süd setzt inzwischen immer mehr auf eine offene Zusammenarbeit mit Markenherstellern. So finden Kunden inzwischen deutlich mehr bekannte Markenartikel im Aldi-Regal, die sich nicht hinter anderen Marken verstecken: von Brandt Zwieback über TUC bis hin zu Babybel.

Amaroy statt Jacobs

Nach wie vor gibt es viele Hersteller, die ihre Marken – und damit ihre Namen – nicht für Aldi hergeben wollen. Statt als Herstellermarken werden ihre Produkte unter bestimmten Handelsmarken verkauft, die auch „Eigenmarken“ oder „Private Labels“ genannt werden. Solche Marken sagen nichts über den Hersteller aus: Hinter manchen Handelsmarken verbergen sich sogar mehrere verschiedene Produzenten gleichzeitig. Denn der Einkauf vergleicht Preise und wählt jeweils den günstigsten Hersteller als Lieferant – auch wenn das bedeutet, dass unter einer Handelsmarke plötzlich zwei Hersteller versammelt sind, die bei ihren Markenprodukten schärfste Konkurrenten sind. Auf diese Weise ist der Handel unabhängig von den großen Markenherstellern und deren Preisdiktat.
Dabei sind die Handelsmarken zur nennenswerten Größe aufgestiegen. Im Jahr 2006 machten Handelsmarken 38 Prozent am Umsatz des Lebensmitteleinzelhandels aus. Knapp 31 Prozent entfallen dabei allein auf die Discounter. Von diesem Kuchen wollen auch die Markenhersteller ein Stück abhaben und verkaufen daher ihre Marken-

produkte an die Handelsmarken. Eine andere Alternative ist die Gründung einer Tochterfirma, die sich der Produktion der Private Labels annimmt. Offiziell wettern die Chefs der Markenhersteller zwar gegen den Anstieg der Eigenmarken, doch unter den Deckmäntelchen ihrer Töchter beliefern sie dann trotzdem die Discounter.

Das Problem der Handelsmarken liegt darin, sie erst einmal bekannt zu machen – und das Ganze auch noch ohne Werbung. Denn trotz allem beruht der Kauf von Lebensmitteln immer noch auf Vertrauen. Das hat sich Aldi aber mit seiner Qualitätsgarantie über Jahre hinweg verdient.

Neben den neuen Labels „Be light" und „bio" hat Aldi zahlreiche andere Eigenmarken aufgebaut. Da wäre „Tandil" für Waschmittel, „Gartenkrone" für Gemüsekonserven und Tiefkühlgemüse oder auch „Amaroy" für den Kaffee. Kaffee ist übrigens das einzige Nahrungsmittel, das Aldi selbst produziert. In seinen Kaffeeröstereien in Weyhe und Ketsch wird der Kaffee für die Aldi-Imperien geröstet. Und das mit guten Erfolg: Aldi mischt beim Absatz in den Top Five der Kaffeebranche mit, unter denen sich Jacobs, Tchibo, Melitta und Dallmayr tummeln.

Wie gut Aldi mit seinem Konzept verdient, war über lange Jahre hinweg ein gut gehütetes Geheimnis. Aber mit der erweiterten Publizitätspflicht der EU mussten auch die Albrecht-Brüder klein beigeben und Zahlen nennen. So setzte Aldi nach Berechnungen des Marktforschungsinstituts AC Nielsen mit 4200 Läden im Jahr 2006 21,9 Milliarden Euro um. Und Aldi setzt alles daran, dass der Discounter auf der Erfolgsschiene weiterfährt.

So haben wir recherchiert

Durch die neue Markenpolitik bei Aldi ist es nicht mehr ganz so schwer, die Hersteller der einzelnen Produkte herauszufinden. Teilweise sind sie ganz offen als Hersteller auf der Packung angegeben. Man muss einfach nur suchen. Andere Markenhersteller wiederum unterhalten eigene Vertriebsgesellschaften, die dann als Hersteller auf den Verpackungen angegeben sind. Dennoch wird ganz offen mit der Tatsache umgegangen, dass für Handelsmarken produziert wird. Wieder anderen kommt man dagegen nur mit detektivischem Spürsinn auf die Schliche.

Ein guter Anhaltspunkt sind die Veterinärkontrollnummern (auch: Veterinärkontrollstempel), die auf Milchprodukten, Wurst- und Fleischwaren sowie Fisch verzeichnet sind. Anhand dieser Nummer und einer Übersicht des Bundesamtes für Verbraucherschutz und Lebensmittelsicherheit im Internet kann jeder selbst feststellen, aus welchem Lebensmittelbetrieb das Produkt stammt. Der Code gibt nach einer EU-Verordnung den Herstellerbetrieb an, in dem das Produkt letztmalig bearbeitet oder verpackt wurde. Das bedeutet: Wenn sich auf einem Aldi-Produkt derselbe Veterinärkontrollstempel befindet wie auf einem Markenprodukt, so stammen beide Produkte aus dem gleichen Betrieb. Ob es sich dann auch tatsächlich um das gleiche Produkt handelt, kann man mit diesem Verfahren allerdings nicht feststellen.

Schwieriger wird es bei anderen Lebensmitteln. Da kamen wir oft nur über Umwege ans Ziel, beispielsweise durch den Vergleich von Adressen oder Telefonnummern der Aldi-Hersteller mit namhaften Markenherstellern. Auch hierbei ist das Internet ein hilfreiches Recherchemittel, von der einfachen „Google"-Recherche bis hin zum Blick in das Handelsregister.

Die Lebensmittel, die wir untersucht haben, stammen aus Aldi-Märkten in Bayern, aus Nordrhein-Westfalen, aus Hamburg und aus Niedersachsen. Sie wurden im Sommer 2007 gekauft. Da bei Aldi die Bestückung der Märkte über die Regionallager läuft, die ihr Sortiment selbst bestimmen, kann es sein, dass in Ihrem Aldi-Markt teilweise andere Hersteller aktiv sind. Vor allem bei Brot und Wurst wird es sicherlich regionale Unterschiede geben. Andererseits gibt es viele Produkte, bei denen der Hersteller sowohl im Norden als auch im Süden gleich bleibt. Unterschiede können da lediglich beim Namen auftauchen. So heißt die Schokolade im Süden „Choceur“, während sie im Norden „Mauritius“ heißt, der Kaffee heißt im Norden „Moreno“ und im Süden „Amaroy“, und beim Eis bekommt man im Süden „Grandessa“, während man im Norden zu „Mucci“ greift.

Wir haben uns bemüht, vor allem überregionale Produkte zu untersuchen. Aber trotz identischer Hersteller und trotz der Ähnlichkeiten, die es zwischen Markenprodukten und Aldi-Produkten gibt: Ob die Aldi-Ware tatsächlich mit der Markenware identisch ist, kann letztendlich nicht eindeutig beantwortet werden. Deshalb bleibt es für diejenigen, die absolut sicher gehen wollen, bei dem Leitspruch: Nur wo Marke draufsteht, ist auch Marke drin.

Für alle anderen aber gilt: Gehen Sie mit offenen Augen durch Ihren Aldi-Markt! Schauen Sie sich das reiche Angebot unbekannter Produkte an … und erkennen Sie mithilfe dieses Buches, welche anerkannten und viel beworbenen Marken vom selben Hersteller stammen!

100 Top-Artikel und ihre Hersteller

Freuen Sie sich auf jede Menge Überraschungen! Entdecken Sie 100 Artikel aus dem Aldi-Sortiment und finden Sie heraus, welche Qualität und welche Marken dahinterstecken!

Backwaren

Aldi Nord	Aldi Süd
Albona Stracciatella Kuchen	**Monarc Hörnchen für Kinder**
Kuchenmeister GmbH	Kuchenmeister GmbH
59477 Soest	59477 Soest

Bei Kuchen lässt Aldi sich von einem der größten Anbieter von Fertigkuchen Deutschlands beliefern: von der **Kuchenmeister GmbH.** Neben abgepackten Fertigkuchen bietet das westfälische Unternehmen auch Kuchen zum Fertigbacken an. Vieles davon wird unter dem Label Kuchenmeister verkauft, anderes wird in Lizenz hergestellt, wie beispielsweise die Milky-Way-Kinderhörnchen, die Brandt Milchbrötchen oder der Sarotti Herrenkuchen. Doch auch Handelsmarken werden mit den unterschiedlichsten Produkten des Back- und Konditoreibereichs beliefert. Was 1884 als Stadtkonditorei im Herzen von Soest begann, ist heute ein internationales Unternehmen im Industriegebiet. An drei Standorten werden mit 850 Mitarbeitern mehr als 500.000 Stück Konditorei- und Backwaren hergestellt.

Aldi Nord	Aldi Süd
Goldähren Zwieback Pauly GmbH 61381 Friedrichsdorf	**Brandt – Der Markenzwieback** Zwieback-Schokoladen GmbH & Co. KG 58123 Hagen

Die **Pauly GmbH** ist einer der führenden Snackproduzenten Deutschlands. Unter der Marke Pauly vertreibt das Familien-Unternehmen getoastete Brötchen, Bruschettas, Salzsticks, Brezeln und zahlreiche andere Knabberartikel. Bereits seit 1894 wird im Taunus Zwieback gebacken. Daneben stellt das mittelständische Unternehmen etliche Handels- und Fremdmarken her und ist in mehr als 30 Ländern vertreten.

Interessant wird es, wenn man sieht, wer mehrheitlich an Pauly beteiligt ist: Das ist nämlich kein Geringerer als der Zwiebackhersteller **Brandt.** Seit 1975 hält das Hagener Unternehmen die Mehrheit an Pauly.

Ein Blick in das Aldi Süd-Regal lässt einen dagegen staunen: Hier grinst der „Brandt-Zwieback-Junge“ ganz offen aus dem Regal.
Es scheint so, als weiche Aldi Süd seine No-Name-Strategie auf. Oder aber Brandt gibt den Widerstand auf und beliefert den Discounter mit günstigen Preisen. Einen Preisunterschied gibt es dennoch: Kosten 450 Gramm Goldähren Zwieback 1,25 Euro, so gibt es den Brandt-Zwieback in einer 338-Gramm-Packung für 1,39 Euro.
Der Goldähren Zwieback schmückt sich mit einem Gütezeichen der Centralen Marketing-Gesellschaft der deutschen Agrarwirtschaft (CMA), während Brandt die Qualität durch einen Kontrollstempel Dr. R. Böhm, staatl. geprüfter Lebensmitteltechniker bestätigt.

Die Zutatenlisten der beiden Zwiebacke weichen leicht voneinander ab:

Zutaten Brandt:
Weizenmehl, Zucker, Frischhefe, Palmöl, Glucosesirup, Traubenzucker, Invertzuckersirup, Gerstenmalzextrakt, jodiertes Speisesalz (1 %), Süßmolkenpulver, Emulgator (Sojalecithine), Kondensmagermilch, Backtriebmittel (Natriumhydrogencarbonat, Kaliumcarbonat).
Kann Spuren von Eiprodukten und Sulfiten enthalten.

Zutaten Goldähren:
Weizenmehl, Zucker, Frischhefe, Palmöl, Glucosesirup, Gerstenmalzextrakt, Traubenzucker, Invertzuckersirup, jodiertes Speisesalz, Süßmolkenpulver, Emulgator (Sojalecithine), Kondensmagermilch, Backtriebmittel (Natriumhydrogencarbonat, Kaliumcarbonat).
Kann Spuren von Soja, Sulfiten und glutenhaltigem Getreide enthalten.

Aldi Nord	Aldi Süd
Kürbiskern-Brot	**Kürbiskern-Brot**
Harry Brot, Postfach 1280, 22859 Schenefeld	Meierbaer & Albro Spezialbrot Im Weizenfeld 5 59556 Lippstadt

Leicht ist es zwar nicht herauszubekommen, aber trotzdem lässt sich das Unternehmen Meierbaer & Albro Spezialbrot mit dem Gütersloher Vollkornbrothersteller **Mestemacher** in Verbindung bringen. Der eine Weg führt über die Adresse, die auf das Unternehmen Modersohns Mühlen- und Backbetrieb GmbH hinweist. Dieses wiederum gehört zur Mestemacher-Gruppe. Der andere Weg führt über das Internetportal meinestadt.de-Gütersloh: Hier findet sich für Meierbaer & Albro Spezialbrot GmbH die Adresse „Am Anger 16, 33332 Gütersloh". Und genau unter dieser Adresse firmiert auch die Mestemacher-Gruppe.

Mestemacher steht auch international auf guten Beinen. In mehr als 87 Länder werden die westfälischen Vollkornbrote und Müslis exportiert. Zur Gruppe gehört auch die Aerzener Brot GmbH, die neben Vollkornbrot auch Tiefkühl- und Frischkuchen herstellt.

➤ Weitere Produkte von Meierbaer & Albro:
Fitnessbrot, Wellness-Brot

Im Gegensatz dazu findet sich im Norden der Hersteller ganz offen auf der Verpackung. Es handelt sich um das Traditionsunternehmen **Harry Brot,** das auf eine mehr als 300-jährige Geschichte zurückblicken kann. Am 9. Mai 1688 ließ sich Johan Hinrich Harry in das Protokollbuch des Bäckeramtes zu Altona eintragen. Seitdem haben zehn Generationen den Betrieb weiter aufgebaut und zu einer der größten deutschen Brotbäckereien Deutschlands gemacht, die an sieben Standorten Brot herstellt.

Mestemacher besticht durch soziales Engagement

Mestemacher hat sich die Gleichstellung von Männern und Frauen auf die Fahnen geschrieben. Das geschieht nicht nur innerhalb der Firma, sondern das Unternehmen verleiht auch verschiedene Preise. Seit 2001 wird jährlich der KITA-Preis für geschlechterdemokratische Erziehung und Vereinbarkeit von Familie und Beruf vergeben. Darüber hinaus gibt es seit 2002 den Preis für die Managerin des Jahres. Damit sollen kompetente Wirtschaftsfachfrauen als weibliche Leitbilder dargestellt werden. Ein dritter Preis geht seit 2006 an den Spitzenvater des Jahres, der in einer gleichberechtigten Partnerschaft seinen vollwertigen Einsatz als Vater leistet.

Tee und Kaffee

Aldi Nord	Aldi Süd
Hier haben wir keine Kräuterteemischung gefunden.	**Westcliff Kräutertee** Ostfriesische Tee Gesellschaft, Laurens Spethmann GmbH & Co. KG, Am Bauhof 13-15 21218 Seevetal

Der Name **Ostfriesische Tee Gesellschaft (OTG)** klingt eher nach Teestunde als nach einem großen Unternehmen. Aber tatsächlich feierte die OTG, wie sich das Unternehmen kurz nennt, bereits den 100. Geburtstag. Und garantiert kennen Sie auch die Produkte der OTG: Unter Meßmer und Milford betreibt der norddeutsche Tee-Veredler sein Markengeschäft. Daneben ist OTG aber auch groß im Discounter-Geschäft. Neu im Sortiment bei Aldi ist der Kräutertee Salbei-Vanille-Honig.

➤ Weitere Teesorten von der OTG:
Schwarzer Tee, Pfefferminztee, grüner Tee, Rooibos-Tee

Aldi Nord	Aldi Süd
Moreno Family Cappuccino Krüger GmbH & Co. KG 51469 Bergisch Gladbach	**Belmont Cappuccino** Alpursa Lebensmittel GmbH 60523 Frankfurt

Unter dem Label „Moreno“ verkauft Aldi Nord seine Kaffeespezialitäten. Je nach Produkt unterscheidet sich aber der Hersteller. In diesem Fall greift Aldi Nord auf den Spezialisten für Instantpulver zurück – und das ist kein Geringerer als **Krüger.** Das Unternehmen aus Bergisch Gladbach weist sich auf der Verpackung auch ganz offen als Produzent aus. Etwa 30 Prozent seiner Erlöse erzielt die Krüger-Gruppe mit der Produktion von Instant-Kaffee und -Tee.

Im Süden setzt Aldi mit der Marke Belmont auf einen Lieferanten namens Alpursa. Ursprünglich war Alpursa – die Alp-Bärin, denn das lateinische Ursa bedeutet Bärin – der deutsche Ableger der Berner Alpen-Milchgesellschaft, die 1917 gegründet wurde. Die bekannteste Marke dieses Unternehmens ist bis heute die Bärenmarke Kondensmilch. 1931 wurde das Biessenhofener Unternehmen in Allgäuer Alpenmilch umbenannt und wurde 1972 von Nestlé übernommen. Das ist zwar 2003 wieder in andere Hände gewandert, doch offenbar hat Nestlé den Namen Alpursa behalten. Denn ein Adressen-Vergleich verbindet die Alpursa Lebensmittel GmbH mit der Nestlé HealthCare Nutrition GmbH. Nun stellt diese zwar nicht direkt Cappuccino-Pulver her, jedoch tut das Nescafé, ein anderer großer Bereich im Schweizer **Nestlé-Konzern.**

Aldi Nord	Aldi Süd
Moreno Kaffeepads	**Amaroy Kaffee Pads**
Röstfein Kaffee GmbH	N.V. Beyers S.A.
Hafenstraße 9	K. Leopoldslann 3
39106 Magdeburg	B-2870 Puurs

Röstfein ist vor allem Kaffeetrinkern aus Ostdeutschland ein Begriff. Es ist die letzte von sieben Kaffeeröstereien, die es in der ehemaligen DDR gab. Und auch sie hat nur mit Mühe überlebt. Nachdem sich die erste Euphorie nach Westwaren gelegt hatte, ließ man die alte DDR-Marke Rondo wieder auferstehen und produzierte sie als Melange. Mittlerweile haben Rondo, Mona und Kosta, Cappuccino fix, Mocca fix und Im Nu wieder die Regale der ostdeutschen Supermärkte erobert. Und auch im Westen sind diese Produkte schon gesichtet worden.
Bei „Stiftung Warentest" waren die Pads im Dezember 2006 Testsieger unter 23 Produkten.

Die Kaffepads von Aldi Süd stammen aus Belgien. Im Antwerpener Stadtteil Seefhoek röstet die Firma **Beyers** Koffie seit 1880 Kaffee. 1966 war Beyers das erste belgische Kaffeeunternehmen, das seinen Kaffee im Vakuumverfahren verpackte. Seit 1994 ist das Unternehmen in italienischer Hand. Im gleichen Jahr wurde die moderne Kafferösterei in Puurs, dem heutigen Sitz des Unternehmens, eingeweiht. Seit 2004 dürfen Beyers und die anderen belgischen Kaffeeröstereien nach einem Gerichtsurteil auch Kaffeepads herstellen, die in die Philips-Kaffeemaschine Senseo passen. Dies mag ein Grund sein, warum Aldi Nord die Beyers Kaffeepads im Angebot hat. Neben seinen eigenen Marken „Cafe d'Anvers Exclusive", „Caffè Kimbo" und „Fort Dessert" stellt Beyers auch offiziell Handelsmarken her.

Der wirbelnde Kaffeeröster

Die Röstfein Kaffee GmbH hat eine wahrlich bewegte Geschichte hinter sich. Was 1908 mit der Herstellung von Malzkaffee begann, nahm in der DDR ihren eigenen Lauf. In den 1950er Jahren wurde in Magdeburg der erste Bohnenkaffee geröstet und zwar auf ganz eigentümliche Weise. Weil an Röstpfannen nicht zu kommen war, entwickelte man ein neues Röstverfahren: Die Bohnen wurden in heißer wirbelnder Luft geröstet. Diese Methode bescherte der Rösterei sogar Kundschaft aus dem Westen. Nach der Wende wollte jedoch keiner mehr den ostdeutschen Kaffee haben und ebenso wenig fand sich ein Käufer für die Rösterei. Kurz vor dem Aus drehte der aus dem Ruhestand zurückgeholte Betriebsmeister Manfred Winkelmann das Ruder noch einmal herum. Er setzte auf Ostalgie, reaktivierte die alten Marken und brachte den Kaffee Rondo Melange auf den Markt. Der Kaffee fand reißenden Absatz. Mittlerweile hat sich das Unternehmen daran gemacht, auch die Regale im Westen zu erobern. Im Jahr 2006 wurden mehr als 10.000 Tonnen Kaffee produziert.

Gebäck und Kekse

Aldi Nord	Aldi Süd
Biscotto à la Carte Gebäck und Waffelmischung Verdener Keks- und Waffelfabrik Hans Freitag GmbH & Co. KG 27263 Verden	**Biscotto à la Carte Gebäck und Waffelmischung** Verdener Keks- und Waffelfabrik Hans Freitag GmbH & Co. KG 27263 Verden

Ehemals stand Biscotto für Gebäck von Bahlsen. Doch im Jahr 2007 übernahm Aldi die Wort-Bild-Marke Biscotto, unter der ein Großteil des Aldi-Gebäcks läuft. Wie das bei Handelsmarken so üblich ist, läuft eben nicht alles vom Band des gleichen Herstellers. Bei Biscotto à la Carte Gebäck und Waffelmischung steckt das Familienunternehmen **Hans Freitag** aus Verden dahinter. Seit 1946 wird dort nun in dritter Generation Gebäck hergestellt. Unter der Marke Hans Freitag vertreibt das Unternehmen seine eigenen Produkte, jedoch wird ein Großteil des Sortiments für Handelsmarken hergestellt.

Aldi Nord	Aldi Süd
Bei Aldi Nord haben wir keine Schoko Waffelröllchen gefunden.	**Choco Bistro Schoko Waffelröllchen** Biscotto GmbH Postfach 664, 30006 Hannover

Ganz leicht ist es nicht, herauszufinden, wer hinter der Biscotto GmbH steckt. Aber nachdem die Wort-und-Bild-Marke Biscotto ja unlängst erst vom Gebäck-Multi **Bahlsen** an Aldi übergegangen ist, liegt es nahe zu prüfen, ob diese beiden Unternehmen etwas gemeinsam haben. Zunächst sitzen beide Unternehmen in Hannover.

Und noch eine Gemeinsamkeit gibt es: die Telefonnummer. Da liegt die Annahme nahe, dass Bahlsen hier als Lieferant für Aldi tätig ist. Obwohl es mehr oder weniger bekannt ist, dass Bahlsen auch für Handelsmarken produziert, wird gegenüber der Presse immer das Markengeschäft in den Vordergrund gestellt. Erst auf Nachfrage gibt der Firmenchef Michael Bahlsen zu, dass auch Handelsmarken produziert werden – allerdings mit anderen Rezepturen. Gegenüber der „Frankfurter Allgemeinen Zeitung" sagte Bahlsen, das Unternehmen bediene das Handelsmarkengeschäft, weil es ein anderes Geschäft sei, das mit den Bahlsen-Marken nicht zu bedienen sei. Damit bleibe man bei Bahlsen flexibel.
Ob nun Original-Rezeptur oder Biscotto – die Qualitätsstandards werden auch bei der Produktion der Handelsmarken eingehalten.

➤ <u>Weitere Produkte der Biscotto GmbH:</u>
Butterkeks, Vollkornkeks, Choco Bistro Granada, Création Patisserie

Aldi Nord	Aldi Süd
Coverna Choco Trio	**Choco Trio**
Coverna GmbH, 56751 Polch	Coverna GmbH, 56751 Polch

Etwas über die Coverna GmbH herauszufinden ist nicht leicht. Im Branchenbuch findet man als Adresse die August-Horch-Straße 23 in Polch. Hier residiert ein namhafter Hersteller von Keksen aller Art: die **Griesson de Beukelaer** GmbH & Co. KG. Und siehe da, unter Griesson choc & milk findet sich das gleiche Produkt wie bei Aldi. Selbst die Prägung auf den Keksen ist dieselbe. Und wie schaut es mit den Zutaten aus? Auch hier finden sich keine Unterschiede.

➤ Weitere Produkte von Coverna:
Choco Bistro Doppel Keks, Käse Stängli

Die identische Zutatenliste:

Coverna / Choco Bistro Choco Trio:

Butterkeks mit Milchcreme (27 %) und Vollmilchschokolade (42 %). Zutaten: Zucker, Weizenmehl (21 %), pflanzliches Fett, Kakaobutter, Kakaomasse, Magermilchpulver, Vollmilchpulver (6 %), Butter (4 %), Glukosesirup (Weizen), Buttereinfett, Milchzucker, Süßmolkenpulver, Emulgator: Sojalecithin, Backtriebmittel: Ammonium- und Natriumhydrogencarbonat und Citronensäure, Salz, Aroma. Kann Spuren enthalten von: Nüssen, Mandeln.

Griesson Choc & Milk:

Butterkeks mit Milchcreme (27 %) und Vollmilchschokolade (42 %). Zutaten: Zucker, Weizenmehl (21 %), pflanzliches Fett, Kakaobutter, Kakaomasse, Magermilchpulver, Vollmilchpulver (6 %), Butter (4 %),

Glukosesirup (Weizen), Buttereinfett, Milchzucker, Süßmolkenpulver, Emulgator: Sojalecithin, Backtriebmittel: Ammonium- und Natriumhydrogencarbonat und Citronensäure, Salz, Aroma. Kann Spuren enthalten von: Nüssen, Mandeln.

Aldi Nord	Aldi Süd
Biscotto Vanille Spritz hig Hagemann GmbH, Postfach 1451, 48575 Gronau	**Biscotto Vanille Spritz** hig Hagemann GmbH, Postfach 1451, 48575 Gronau

Der Hersteller **hig Hagemann** ist bei Aldi gut im Geschäft. Nicht nur Gebäck stellt das Gronauer Unternehmen für Aldi her, sondern auch Brot oder Knabbereien. Das Unternehmen gehört zur holländischen Gruppe Continental Bakeries, die neben der Produktion von Handelsmarken auch eigene Marken wie hig, Haust, Auer und Brink vertreibt. Für Aldi Nord stellt hig Hagemann die Doppelkekse her.

➤ Weitere Produkte von hig Hagemann:
Doppelkeks, Biscotto Schoko Spritz, Biscotto Mandel Spritz

Aldi Nord	Aldi Süd
Kürbiskern Vitalgebäck Feinbäckerei Otten GmbH & Co. KG Gewerbestraße Süd 74 41812 Erkelenz	**Kürbiskern Vitalgebäck** Feinbäckerei Otten GmbH & Co. KG Gewerbestraße Süd 74 41812 Erkelenz

Das Unternehmen aus Erkelenz stellt seit 1984 Feingebäck her. Neben Baumkuchen bietet die Feinbäckerei **Otten** verschiedene Gebäcke je nach Jahreszeit an. So auch das Kürbiskern-Vitalgebäck, das Aldi im Sortiment hat.

Süßigkeiten

Aldi Nord	Aldi Süd
Mauritius Alpenrahm Schokolade Waldbaur Feine Schokoladen GmbH, 51149 Köln	**Choceur Alpenmilch-schokolade** Trumpf Schokoladenfabrik GmbH, Werk Saarlouis, Postfach 2015, 66720 Saarlouis

Bei der Schokolade im Regal von Aldi Süd gibt sich der Hersteller ganz offen: **Trumpf** steht hier zu lesen. Und Trumpf-Schokolade kennen

wir ja auch als „Schogetten". Allerdings kommen die Schokoladenstückchen bei der Aldi-Schokolade im Gegensatz zu den Schogetten nicht einzeln daher, sondern in einer ganz normalen Tafel. Immerhin ist das Blütenblatt auf der Schokoladen-Oberseite verdächtig ähnlich. Doch ist der Inhalt auch der gleiche? Die Zusammensetzung ist jedenfalls dieselbe. Aber das heißt bei Schokolade ja noch nicht viel. Hinter der Firma Trumpf steht übrigens ein anderes großes Unternehmen, das bei Aldi dick im Geschäft ist: die **Krüger-Gruppe.**
Bei Aldi Nord lässt man die Schokolade von der Firma Waldbaur produzieren. Auch dieses Unternehmen agiert mit einer großen Muttergesellschaft im Rücken: **Stollwerck.** Der Name des Kölner Unternehmens geht auf den Firmengründer Franz Stollwerck zurück, der 1839 mit der Gründung eines Werkes für Hustenbonbons reich wurde. Heute ist Stollwerck bekannt für Markenschokoladen wie Alpia, Alprose, Sarotti und Sprengel. Neben Schokolade stellt das Unternehmen auch Pralinen und Riegel für Handelsmarken her.
Die Mauritius Schokolade wird jährlich von der Deutschen Landwirtschafts-Gesellschaft (DLG) prämiert.

Aldi Nord	Aldi Süd
Moser-Roth Private Chocolatiers Moser Roth GmbH, Waldstraße 27, 13403 Berlin	**Moser-Roth Private Chocolatiers** Moser Roth GmbH, Waldstraße 27, 13403 Berlin

Zunächst deutet nichts auf die Herkunft des doch recht edlen Namens Moser-Roth Private Chocolatiers hin. Doch die Adresse ist verräterisch. In der Waldstraße 27 in Berlin residiert nämlich ein Süßwarenhersteller, der eine Reihe von sehr bekannten Marken herstellt: die **August Storck** KG. Toffifee, Storck Riesen, Merci – alle kommen sie aus dem Hause Storck. Und auch bei Aldi ist Storck kein unbeschriebenes Blatt. So stammen auch die Sahne Bonbons und die Schokoküsse aus dem Hause Storck – allerdings unter dem Namen WIHA. Bei Aldi Süd gibt sich der Berliner Süßwarenhersteller offener. Dort gibt es Toffee Melange, Milch Boller, Schokoladen Toffees und Schoko Crocant ganz offen unter dem Herstellernamen Storck zu kaufen.

Offenbar handelt es sich bei Moser-Roth nicht nur um einen exquisiten Namen, sondern auch um eine exquisite Schokolade. Sie wurde 2007 DLG-prämiert.

Ein Name mit Tradition

Obwohl Ihnen der Name „Moser-Roth“ zunächst sicher nichts sagt, hat er eine sehr lange Tradition. 1841 wurde die Firma in Stuttgart gegründet und war dort die größte Schokoladenfabrik am Ort. Im Zweiten Weltkrieg wurde die Fabrik zunächst geschlossen und brannte dann nieder. Nach dem Krieg ging die Schokoladenproduktion beim Schokoladehersteller Karl Haller weiter, der 1967 von der Melitta-Gruppe übernommen wurde. Gegen Ende der 1960er Jahre musste die Gruppe aufgeben. Danach ging die Marke von Hand zu Hand, bis sie schließlich bei Storck landete. Dort fristete sie zunächst ein Schattendasein, bis der Süßwarenkonzern sie für die Herstellung der Aldi-Schokolade wieder herausholte.

Aldi Nord	Aldi Süd
Scholetta Haselnuss-Pralinen Paul C. Rumland 22844 Nordstedt	*Hier haben wir keine Haselnuss-Pralinen gefunden.*

Die Firma Paul C. Rumland ist als solche schwer zu lokalisieren. Ein anderer Weg führt dennoch zum Erfolg. Unter der Postleitzahl 22844 Nordstedt firmiert ein anderes großes Unternehmen, das mit Schokolade zu tun hat: **Van Houten.** Bekannt ist Van Houten hierzulande vor allem für seinen feinen Kakao. Sucht man wiederum nach Van Houten, stellt man fest, dass das Unternehmen zum Schweizer Konzern Barry Callebaut AG gehört. Dieser internationale Schokoladenhersteller hat vieles im Portfolio, unter anderem seit 2002 auch Stollwerck. Und siehe da, ein Standort von Stollwerck ist das Van-Houten-Werk in Nordstedt. Zwar findet man dort nichts über eine Firma Paul C. Rumland, doch über den Konzern Barry Callebaut erfährt man, dass auch für Handelsmarken produziert wird.
Die Scholetta-Hasselnuss-Pralinen haben es der DLG angetan. Sie werden jährlich DLG-prämiert.

Aldi Nord	Aldi Süd
Crispy Bits Ludwig Schokolade GmbH & Co. KG, Postfach 2015, 66720 Saarlouis	**Crispy Bits** Mauxion Schokoladefabrik GmbH, Postfach 2015, 66720 Saarlouis

„Crispy Bits“ ist noch ein echter Nachbau, wie es der ursprünglichen Aldi-Philosophie entspricht. Das Produkt erinnert stark an Lion, das aus dem Hause Nestlé stammt. Doch anders als das Original stammt die Kopie aus dem saarländischen Saarlouis. Dort sitzt der größte Eigenmarkenproduzent für Schokolade in Europa: die Ludwig Schokolade GmbH & Co. KG. Neben Mauxion gehört noch die Marke Trumpf zur Ludwig Schokoladenfabrik. Heute gehört das Unternehmen zur **Krüger**-Gruppe.

➤ Weitere Produkte von Ludwig Schokolade:
Choco Bits, Coconout Bits, Dreamy

Gütezeichen – was steckt dahinter?

Gerne werden Gütezeichen wie das der Centralen Marketing-Gesellschaft der deutschen Agrarwirtschaft (CMA) oder der Deutschen Landwirtschafts-Gesellschaft (DLG), aber auch Testberichte der „Stiftung Warentest“ oder von „Öko-Test“ auf die Verpackungen gedruckt. Das soll dem Käufer sagen, dass er ein Qualitätsprodukt kauft. Sie als Konsument fragen sich nun sicherlich, ob die vielen Siegel tatsächlich ein Qualitätsmerkmal sind. Nun, minderwertige Qualität bekommen Sie in der Regel nicht. Viele dieser Siegel dienen zwar hauptsächlich der Verkaufsförderung, doch die damit verbundenen Prüfungen werden durchgeführt. Ein Lebensmittel, das ein Qualitätssiegel führt, muss sich

also auf jeden Fall den Kriterien unterwerfen, die dieses Siegel beinhaltet. Doch gerade die Siegel, die von Landwirtschaftsverbänden wie der Deutschen Landwirtschafts-Gesellschaft (DLG) herausgegeben werden, beurteilen hauptsächlich den Genusswert des Lebensmittels. Das klingt eher nach persönlichem Geschmack und nicht unbedingt nach Qualitätsprüfung.
Anders ist das bei der „Stiftung Warentest". Dort werden knallharte Kriterien angegeben, mit denen das Produkt sowohl auf Geschmack, sonstige Eigenschaften und auch nach Giftstoffen untersucht wird.

Aldi Nord	Aldi Süd
Gletscherkone Diät Vollmilch Diabessa GmbH, Postfach 5549, 97005 Würzburg	*Bei Aldi Süd haben wir keine Schokolade für Diabetiker gefunden.*

Die Postfachadresse auf der Verpackung der Diätschokolade gibt nicht viel Aufschluss über den Hersteller. Ein Blick in die Firmendatenbank hilft da schon mehr: Diabessa ist im fränkischen Veitshöchstheim unweit von Würzburg ansässig. Dort sitzt auch die **Frankonia Schokoladenwerke** GmbH. Diese Firma produziert ein großes Angebot an Diätschokoladen und ist damit in Deutschland auf diesem Gebiet Marktführer. Diabessa gehört seit 1977 zur französischen Cantalou/Cémoi-Gruppe, einer international tätigen Schokoladenfabrik.

Aldi Nord	Aldi Süd
Vitafrucht – Fruchtgummi	**Rebou Multi Vitamin Gums**
van Netten GmbH	van Netten GmbH
Heßlingsweg 30	Heßlingsweg 30
44309 Dortmund	44309 Dortmund

Die Fruchtgummis bei Aldi Süd und Aldi Nord tragen zwar unterschiedliche Namen, doch handelt es sich bei beiden um den gleichen Hersteller: die **van Netten** GmbH. Neben einem umfangreichen Angebot an Eigenmarken produziert der Süßwarenhersteller vor allem für Private Labels. Das ist auch kein Geheimnis und findet sich ganz offen auf der Homepage des Unternehmens. Es gibt Schokoladendragees, Hartkaramellen, Schokolierte Geleefrüchte und Konfekt sowie eben Fruchtgummi. Die Marken, unter denen die Original-Produkte von van Netten zu bekommen sind, heißen Candy Fayre, Calypso und Sonnina.

Knabberartikel

Aldi Nord	Aldi Süd
Käse Stängli	**Käse Stängli**
Taverne Pâtisserie	Alimarca France S.A.
Postbus 154	BP 15, F-68550 Saint-Amarin
NL-7390 AD Twello	

Alimarca France gehört zur Firmenkette **Valora** Trade aus der Schweiz. Valora produziert und vertreibt nach eigenen Angaben hochwertige Backwaren unter den eigenen Marken. Zu den Marken dieses Konzerns gehört unter anderem die **Roland Murten AG,** die auch Roland Käse-Flutes herstellen. Was aber nicht heißt, dass die Aldi-Stänglis aus derselben Fabrik wie die Roland-Flutes kommen.

Bei Aldi Nord kommen die Käse Stänglis von der Firma Taverne Pâtisserie in den Niederlanden. Das Unternehmen, das eigentlich unter dem Namen **Euro Pâtisserie Producties-Twello** BV firmiert, stellt Kekse, Kuchen und Knabbereien für Handelsmarken und unter Lizenz her.

Ein zweiter Hersteller beliefert Aldi Nord mit Käse Stänglis: die Coverna GmbH. Diese Firma haben wir bereits beim Gebäck entlarvt. Hinter Coverna steckt der Kekshersteller **Griesson de Beukelaer.** Mehr dazu auf S. 26.

Aldi Nord	Aldi Süd
Bei Aldi Nord haben wir kein entsprechendes Produkt gefunden.	**Studio Crackets Knabber-Box** Knabberartikel Vertriebs GmbH 22094 Hamburg

Die Postleitzahl der Knabberartikel Vertriebs GmbH findet sich auch bei einem anderen Hersteller von Knabberartikeln bei Aldi: der snack and smile Company. Versucht man diese Firma im Internet zu finden, stößt man wieder auf einen anderen großen Hersteller von Knabberartikeln: **Intersnack.** Das Kölner Unternehmen unterhält einen Standort in Hamburg, der mit den beiden Gesellschaften identisch ist. Und was noch interessanter ist: Intersnack ist der deutsche Marktführer für salzige Snacks. Intersnack entstand 1995 aus dem Zusammenschluss der Convent-Gruppe und Wolf Bergstraße. Die Gruppe ist verantwortlich für die Marken Chio, funny-frisch, Pom-Bär und Goldfischli. Neben Lorenz Snack World gehört Intersnack laut der Lebensmittelzeitung zu den größten Lieferanten von Handelsmarken.

Molkereiprodukte

Aldi Nord	Aldi Süd
Ruehmhof Kräuterbutter	**Kräuterbutter**
DFF – Dairy Fine Food GmbH	Blumenhof Feinkost GmbH
23909 Ratzeburg	83513 Reitmehring
Veterinärkontrollstempel:	Veterinärkontrollstempel:
DE NI 056	DE BY 111

Reitmehring klingt als Ortsname nicht besonders aufregend. Forscht man aber weiter, so findet man für die Blumenhof Feinkost GmbH eine weitere Adresse in Wasserburg am Inn. Und die Telefonnummer passt zu einem anderen Unternehmen, das ganz groß im Bereich Butter ist: die **Meggle AG.** Das Unternehmen war Vorreiter in Sachen Kräuterbutter und brachte die gewürzte Butter in den 1970er Jahren auf den Markt.

Das bayrische Familienunternehmen ist ein bedeutender Anbieter von Butter und auch im Ausland aktiv. Gegenüber der Nachfrage nach Handelsmarken hat sich der Butterspezialist nicht verschlossen und stellt daher auch für Discounter her – in diesem Fall die Kräuterbutter. Auch haben die beiden Produkte die gleiche Veterinärkontrollnummer, ein eindeutiges Indiz dafür, dass sie aus demselben Betrieb stammen. Die Zutaten weichen geringfügig voneinander ab, aber es ist davon auszugehen, dass die Qualität der Butter ähnlich ist.

Ähnliche Zutatenliste

Zutatenliste der Aldi-Kräuterbutter:

Butter, Zwiebeln, Petersilie 5 %, Knoblauch 3 %, Jodsalz, Stärke, Kräuter, Pfeffer, Aroma, Weizen, Säuerungsmittel: Citronensäure.

Zutatenliste Meggle Kräuterbutter:

Butter, Zwiebeln, Petersilie 6 %, Knoblauch 3 %, Jodsalz, Stärke, Säuerungsmittel: Citronensäure, Gewürze, Kräuter, natürliches Aroma. Milchfettgehalt 62 %

Auch hinter der Nord-Variante der Aldi-Kräuterbutter steckt kein ganz kleines Unternehmen: die DFF Dairy Fine Food GmbH, dem Verbraucher besser bekannt unter deren Marke **Butaris.** Diese gehört wiederum zu Uelzena, einem Konzern, der Spezial-Trockenerzeugnisse und Halbfabrikate für die Nahrungsmittelindustrie sowie Butterfette, Butter für die Backbranche und den Handel herstellt. Dabei machen die Handelsmarken einen großen Teil der Produktion aus. Die Kräuterbutter stammt laut Veterinärkontrollnummer aus der Molkerei Grafschaft Hoya. Im niedersächsischen Asendorf rühmt man sich der Produktion der Kräuterbutter, die an viele Handelsketten mit dem Etikett einer Eigenmarke geliefert wird. Und tatsächlich ist sie auch ausgezeichnet: mit dem DLG-Goldenen Preis 2006.

Aldi Nord	Aldi Süd
Latte Macchiato Molkerei Gropper GmbH & Co. KG Am Mühlberg 2 86657 Bissingen / Bayern Veterinärkontrollstempel: DE BY 723	**Belmont Café Latte** Milchwerke Mittelelbe GmbH 39576 Stendal Veterinärkontrollstempel: DE ST 216 EG

Die Milchwerke Mittelelbe GmbH in Stendal war bis zur Wende der größte Produzent von Trockenmilch und Babynahrung in der DDR.

Nach der Wende nahm sich ein uns schon bekanntes Unternehmen der Milchwerke an: Seit 1991 produziert das Unternehmen innerhalb der **Krüger-Gruppe** Trockenmilch und Babynahrung. Damit wird es zu einem wichtigen Vorlieferanten für die Produkte der Krüger-Gruppe.
Im Norden macht der Latte Macchiato, den wir erstanden haben, eine weite Reise. Er kommt nämlich von dem bayrischen Unternehmen **Gropper.** Neben seiner eigenen Marke Gropper vertreibt der Milchproduzent auch Eigenmarken und tritt als Hersteller von Lizenzmarken wie beispielsweise für Feinkost Käfer auf.

Aldi Nord	Aldi Süd
Voll fit Probiotischer Fitness-Drink Nöm AG Vöslauer Straße 109 A-2500 Baden Veterinärkontrollstempel: AT M-N 11 EG	**Vivacol Probiotischer Drink** Nöm AG Vöslauer Straße 109 A-2500 Baden Veterinärkontrollstempel: AT M-N 11 EG

Die probiotischen Fitnessdrinks von Aldi Nord und Aldi Süd kommen aus Österreich. Dort sitzt die Milchproduktionsfirma **Nöm,** die Trendgetränke aus Milch herstellt. Neben der eigenen Marke Nöm arbeitet die ostösterreichische Firma vor allem als Lieferant von Handelseigenmarken. Das Unternehmen, das eine Milchmenge von ca. 300 Mio. Kilogramm im Jahr verarbeitet, exportiert gut die Hälfte seiner Produktion. Da wirkt es auch nicht verwunderlich, dass der Betrieb aus Baden ein Hauptlieferant des deutschen Handels für Trinkjoghurt und Milchdrinks ist. In Österreich ist Nöm für sein Produkt „Fru, Fru“ bekannt, eine Sauermilch mit Fruchtzusatz, die wie ein Joghurt gegessen wird.

Aldi Nord	Aldi Süd
Probiotischer Joghurt T.M.A. 86850 Fischach Veterinärkontrollstempel: DE SN 016 oder DE BY 718	**Biac Pur – probiotischer fettarmer Joghurt** Milchfrisch Vertriebs GmbH 87770 Oberschönegg Veterinärkontrollstempel: DE BY 727

Recherchiert man bei www.firmenwissen.de, so findet sich unter „T.M.A." der Zusatz „Müller Handelsgesellschaft". Und auf genau diesem Weg wird man dann auch fündig. Die T.M.A. Handelsgesellschaft mbH ist Teil des großen Müller-Milch-Imperiums. Das Kürzel „T.M.A." steht für „Theo Müller Aretsried", die Zentrale des Milchkonzerns. Auch die Veterinärkontrollnummer weist auf ein Unternehmen hin, das zum Müller-Milch-Imperium gehört: die **Sachsenmilch AG.** Über dieses Unternehmen gibt es ein paar spannende Fakten zu berichten. Zunächst ist Sachsenmilch die beliebteste Milchmarke zwischen Dresden, Leipzig und Plauen und laut einer Umfrage des Marktforschungsinstituts Nielsen auch die bekannteste regionale Milchmarke. Neben der Marke Sachsenmilch werden auch Handelsmarken produziert – und das im größten Molkereistandort Europas. Zudem war Sachsenmilch das erste ostdeutsche Unternehmen, das an die Börse ging. Deutlicher wird es, wenn man sich die andere Veterinärkontrollnummer ansieht: BY 718 steht für die Molkerei Alois Müller GmbH & Co. in Aretsried. Lassen Sie sich von dem Namen „Alois" jedoch nicht irritieren: Das ist der Vater des jetzigen Firmenchefs Theo Müller.

➤ Weitere Produkte von T.M.A. oder Sachsenmilch:
T'Amoro Erdbeer auf Vanilla Mousse, DUO'R Joghurt Crisp, Buttermilch-Dessert, Butter

Oberschönegg liegt im Allgäu, jener süddeutschen Gegend, in der die glücklichen Kühe leben. Hier sind viele Molkereibetriebe ansässig, doch die Milchfrisch Vertriebs GmbH lässt sich so leicht nicht ausmachen. Einfacher wird es, wenn man nach Adresse und Telefonnummer googelt. Milchfrisch teilt sich diese nämlich mit dem Joghurt-Spezialisten **Ehrmann.** Das kann kein Zufall sein! Auch die Veterinärkontrollnummer weist eindeutig auf die Urheberschaft von Ehrmann hin.
Zwar freut man sich auch bei der Nummer 4 auf dem Joghurtmarkt nicht über den Zugewinn an Marktanteilen bei den Handelsmarken, doch verschließen wollen sich die Allgäuer dem Trend auch nicht. Also produziert auch Ehrmann für Aldi & Co., allerdings nach vorgegebenen Rezepturen. Das berichtet zumindest der Firmenchef Christian Ehrmann gegenüber der „Welt“.

➤ Weitere Produkte aus dem Hause Milchfrisch:
L.aktiflor

Aldi Nord	Aldi Süd
Milsa Hausmacher Quark Heideblume Molkerei Elsdorf-Rotenburg eG, 27404 Elsdorf Veterinärkontrollstempel: DE NI 033 EG	*Bei Aldi Süd haben wir kein entsprechendes Produkt gefunden.*

Im niedersächsischen Elsdorf wird neben Milchprodukten auch Feinkost produziert. Das Unternehmen verdient einen großen Teil seiner Umsätze mit der Lieferung an Aldi. Im August 2007 gab es Gespräche über den Zusammenschluss von **Heideblume** mit dem österreichischen Molkereibetreiber Nöm. Für das Unternehmen, das ebenfalls Aldi beliefert (siehe Probiotischer Fitness-Drink), wäre Elsdorf ein guter Logistikstandort und interessant für die Rohstoffbeschaffung.

Aldi Nord	Aldi Süd
Milsani Crème fraîche Nordmilch 28365 Bremen Veterinärkontrollstempel: DE NI 010	*Hier haben wir kein entsprechendes Produkt gefunden.*

Nordmilch an sich wird Ihnen vielleicht zunächst nichts sagen. Bringt man allerdings Milram ins Gespräch, so schaut die Sache gleich ganz anders aus. Der Betrieb aus Bremen ist der größte Milchverarbeiter in Deutschland. Konkret heißt das: Ein Sechstel der deutschen Milchmenge wird über **Nordmilch** und seine Tochterunternehmen verarbeitet. Heraus kommt ein umfassendes Sortiment von Milchprodukten und Schnittkäse. Neben Milram gibt es bei Nordmilch auch Produkte der Marke Hansano, Turm, Botterbloom und viele andere.

Aldi Nord	Aldi Süd
Milsa Speisequark	**Milfina Speisequark**
Humana Milchunion eG	Humana E.B.M.
48348 Everswinkel	92521 Schwarzenfeld
Veterinärkontrollstempel:	Veterinärkontrollstempel:
DE TH 601	DE BY 303

Hat sich **Humana** in früheren Zeiten noch hinter dem Kürzel HUM bei Aldi versteckt, so gibt das Unternehmen auf dem Speisequark seinen ganzen Namen an. Die Humana Milchunion im westfälischen Everswinkel gehört zu den größten deutschen Milchverarbeitern. Neben Milchprodukten wie Joghurt und Butter oder Käse wird auch Eiscreme und Säuglingsnahrung hergestellt. Und auch die Qualität der Humana-Produkte ist geprüft und versiegelt: Auf der Verpackung prangt sowohl ein CMA-Gütezeichen als auch ein „DLG-prämiert“. Humana ist bemüht, seine Marktposition weiter auszubauen. Allerdings sind geplante Fusionen erst mit Nordmilch, dann mit der Milch-Union Hocheifel (MUH) gescheitert. Nun setzt der Konzern auf Umbau, um sich strategisch auf Wachstum und Effizienz zu konzentrieren. Dazu sollen Betriebe geschlossen und Tochterfirmen verkauft werden.

Bei Aldi Süd wird als Hersteller des Speisequarks die E.B.M. angegeben. Das Kürzel steht für Euro-Bavaria Mopro-Vertriebs GmbH und ist eine Vertriebsgesellschaft für Molkereiprodukte der Molkereien **Naabtaler Milchwerke** und Grünland. Grünland sagt Ihnen vielleicht wegen des bekannten Käses etwas. Daneben vermarktet die Gesellschaft die Milchprodukte von Albflor und Bayernkrone.

Käse

Knapp 23 Kilogramm Käse hat ein Deutscher im Jahr 2006 gegessen. Klingt nach viel, oder? Gegenüber dem Vorjahr waren das sogar 3,2 Prozent mehr. Diesem Käsekonsum der Deutschen trägt auch Aldi Rechnung, und so ist die Auswahl an Käsesorten im Aldi-Kühlregal durchaus beeindruckend. Von heimischem über französischen und Schweizer bis hin zu Ziegenkäse – der Käufer hat die Qual der Wahl. Hier zeigen wir Ihnen eine Auswahl an Käsesorten und wer sie hergestellt hat.

Aldi Nord	Aldi Süd
Alpenmark Schmelzkäse	**Alpenmark Schmelzkäse**
Bonifaz Kohler GmbH	Bonifaz Kohler GmbH
88161 Lindenberg/Allgäu	88161 Lindenberg/Allgäu
Veterinärkontrollstempel:	Veterinärkontrollstempel:
DE BY 745	DE BY 745

Die Bonifaz Kohler GmbH aus dem Allgäu beliefert Aldi mit einem großen Sortiment an verschiedenen Käsesorten. Darunter sind neben dem Schmelzkäse auch etwas ausgefallenere Sorten wie Bärlauch-Käse und auch Light-Produkte. Das Unternehmen ist Tochtergesellschaft eines anderen großen Käse-Unternehmens im Allgäu: der **Hochland AG** aus Heimkirch. Hochland stellt den Streichkäse Almette her, den Schmelzkäse der Marke Hochland, die Schafskäsespezialität Patros sowie den Camembert Valbrie. Das Unternehmen gehört zu den größten Käseherstellern Europas und ist in rund 30 Ländern vertreten. Besonders im Schmelzkäsebereich nimmt es eine Spitzenposition ein. Die Bonifaz Kohler GmbH ist ein Tochterunternehmen von Hochland und für die Handelsmarken zuständig.

➤ Weitere Produkte von Bonifaz Kohler:
Sonnenhof – Käse Snack in Würfeln, Genießer Scheiben, Gouda Edamer, Cremiger Frischkäse mit Kräutern

Aldi Nord	Aldi Süd
Alpspitz Emmentaler gerieben Bayernland eG 90441 Nürnberg Veterinärkontrollstempel: DE BY 7125	**Emmentaler gerieben** Allgäuland-Käsereien GmbH 88231 Wangen im Allgäu Veterinärkontrollstempel: DE BY 7125

Bayernland beziehungsweise Allgäuland-Käsereien sind auf den Tüten des Reibekäses als Hersteller angegeben. Obwohl auch dies große Unternehmen sind, spricht die Veterinärkontrollnummer eine ganz andere Sprache. Der Aldi-Käse stammt aus der **Bergland Naturkäse GmbH** im Allgäuer Lindenberg. Betrachtet man sich die Besitzerkonstellation, so ist das nicht weiter verwunderlich, denn Bayernland und Allgäuland sind mit jeweils 50 Prozent an Bergland beteiligt. In Lindenberg sitzen Bayernland und Bergland sogar im gleichen Haus. Hauptsächlich packt Bergland Käse ab, produziert aber auch Käseaufschnitt und eine Vielzahl von Reibekäsesorten

Bayernland ist ein genossenschaftliches Unternehmen mit Sitz in Nürnberg. Seit mehr als 75 Jahren werden dort milchwirtschaftliche Erzeugnisse vermarktet, und das nicht zu knapp: Mehr als 200.000 Tonnen sind das jährlich. Unter der Marke Bayernland landet eine Vielzahl von verschiedenen Käsesorten, aber auch Butter auf Deutschlands Esstischen.

➤ Weitere Produkte von Alpspitz:
Edamer gestiftet, Emmentaler am Stück

Aldi Nord	Aldi Süd
Butterkäse	**Sonnenhof Butterkäse**
ECVG GmbH	ECVG GmbH
17087 Altentreptow	17087 Altentreptow
Veterinärkontrollstempel:	Veterinärkontrollstempel:
DE MV 026	DE MV 026

Etwas kryptisch kommt das Kürzel ECVG GmbH daher. Ausgeschrieben steht es für das schöne „denglische“ Unternehmen Euro Cheese Vertriebs GmbH. Dieses findet man über ein ganz anderes Unternehmen wieder: die **Humana Milchunion,** einen der größten deutschen Molkereibetriebe. Neben Babynahrung produziert die Molkerei unterschiedliche Milchprodukte und eben auch Käse für Handelsmarken.

Die Tochter ECVG dient als zentrale Vertriebsgesellschaft der Humana Milchunion für Käseprodukte und ist der größte Käsevermarkter Deutschlands. Zu den Marken der Euro Cheese Vertriebs GmbH gehören Landhof, Landhof Breakfast, Golden Cheese und Mascarpone Casarelli. Aus dem Treptower Werk werden Brotaufstriche, Schmelzkäse-Erzeugnisse sowie Produkte aus dem Bereich Doppelrahm- und körniger Frischkäse in 20 verschiedene Länder geliefert.

➤ Weitere Produkte von Humana:
Edamer, Gouda, Tilsiter, Landhof Käse Aufschnitt

Aldi Nord	Aldi Süd
Frankendammer Milchwerke Oberfranken West eG, 96484 Meeder/Bayern Veterinärkontrollstempel: DE BY 403	**Frankendammer** Milchwerke Oberfranken West eG, 96484 Meeder/Bayern Veterinärkontrollstempel: DE BY 403

Die **Milchwerke Oberfranken** im fränkischen Meeder haben sich auf das Produzieren von Käse spezialisiert, und das bereits seit 1927. Der Käse geht in zahlreiche europäische Länder, aber auch nach Afrika, Saudi-Arabien und Australien. Die Eigenentwicklung Frankendammer hat es in die Aldi-Regale geschafft. Daneben produziert das oberfränkische Milchwerk noch Weich-, Hart- oder Schmelzkäse und auch die Coburger Rolle.

➤ Weitere Produkte der Milchwerke Oberfranken:
Frankendammer naturgeräuchert und Frankendammer Bio

Wurstwaren

Das Sortiment an Wurstwaren bei Aldi wurde in den vergangen Jahren erweitert. Neben zahlreichen Wurstaufschnitten, Salamis und Schinkenarten gibt es in diesem Segment auch Light- und Bio-Produkte. Das Sortiment ist hierbei sehr stark an die Region angepasst: In Bayern isst man eben andere Wurst als im Sauerland. Wir haben einen Blick in das Sortiment der Augsburger Aldi-Märkte sowie in die Aldi-Nord-Kühltheke im Sauerland geworfen.

Bei Aldi-Süd haben viele Wurstspezialitäten ein eigenes Design, an das sich die Hersteller der verschiedenen Wurstwaren halten. Der Hersteller ist auf der Vorderseite der Verpackung gut zu erkennen. Wir verraten Ihnen Einzelheiten zu den Unternehmen.

Aldi Nord	Aldi Süd
Leberkäs Rudolf und Robert Houdek GmbH, Moosstraße 8, 82319 Starnberg Veterinärkontrollstempel: DE EV 120	**Feiner Leberkäs** Schmälzle 72793 Pfullingen Veterinärkontrollstempel: DE EV 871

Allerhand Wurstspezialitäten stammen aus dem Hause **Schmälzle.** Neben dem feinen Leberkäs gibt es bei Aldi Süd noch die Debycziner. Das Aushängeschild des schwäbischen Fleisch- und Wurstwarenherstellers ist jedoch das Wiener Würstchen, denn Schmälzle produziert das erste allergikerfreundliche Wiener Würstchen. Es kommt ohne Gluten, Laktose und andere versteckte Allergene aus. Dafür wurde extra eine abgetrennte Produktionslinie geschaffen. Seit 1933 werden von der Familie Schmälzle Wurstwaren hergestellt. Zunächst

in einer Metzgerei, dann ab 1963 in einer Wurstwarenfabrik mit eigenem Schlachthof. Heute macht das Unternehmen mit seinem modernen Fabrikverkauf von sich reden. Das Gebäude ist nicht nur ein architektonisches Highlight, sondern spiegelt nach Firmenangaben auch die Philosophie des Unternehmens wider.
Wie nicht anders zu erwarten, kommt auch bei Aldi Nord der Leberkäs aus dem Süden, allerdings von einer anderen Wurstwarenfabrik als bei Aldi Süd: **Houdek** ist auf der Packung zu lesen. Das ist ein Unternehmen, das auf bayerische Schmankerl spezialisiert ist. Zudem produziert es heißgeräucherte Rohwurst und Salamispezialitäten.

➤ Weitere Produkte von Schmälzle:
Wiener, Debrecziner, Feine Delikatess Kalbsleberwurst

➤ Weitere Artikel aus dem Hause Houdek:
Chorizo Paprikasalami, Salami pur porc

Aldi Nord	Aldi Süd
Hier haben wir keine Produkte von Gutfried gefunden.	**Roast Turkey Putenschinken** Gutfried Heinrich Nölke GmbH & Co. KG Ziegeleistraße 5 33775 Versmold Veterinärkontrollstempel: DE EV 61

„**Gutfried** ist gut für mich." Diesen Werbeslogan gilt es nun auch bei Aldi Süd zu befriedigen. Seit 1932 werden auf dem „Gut Friedrichsruh" in Westfalen erst Schweine, später dann Geflügel gezüchtet. In den 1960er Jahren erkannt der Gründer Heinrich Nölke, dass Wurst aus Geflügel eine echte Marktlücke ist, und führte daher 1968 die erste Geflügelwurst in Deutschland ein. Heute ist die Nölke Gruppe, zu der auch die Frischedienst Union gehört, einer der führenden Wurst- und Fleischproduzenten in Deutschland. Neben Gutfried werden hier die Marken Menzefricke, Müritzer und Nolka vertrieben.

Aldi Nord	Aldi Süd
Kabanossi (mild / scharf) Schulte Fleisch- und Wurstwaren GmbH 49201 Dissen a. T. W. Veterinärkontrollstempel: DE EV 921	**Kabanossi** Schwarz Cranz GmbH & Co. KG 21629 Neu Wulmstorf Veterinärkontrollstempel: DE EV 330

Dissen a. T. W. nennt sich der Herkunftsort der Firma Schulte. Hinter dieser Abkürzung verbirgt sich „am Teutoburger Wald". Wo einst Hermann der Cherusker die Römer besiegte, produziert die Firma Schulte heute Fleisch- und Wurstwaren – und das bereits seit mehr als 100 Jahren. Auf Rohwurst hat sich das Unternehmen spezialisiert und neben Schinken-Pfefferlinge und Pfefferbeißer ist vor allem die „Original Halbrunde" eine Spezialität des niedersächsischen Unternehmens. Schulte steht aber nicht alleine da: Der Wursthersteller ist ein Unternehmen der **„Zur-Mühlen-Gruppe"**, der auch die Firmen Anhalter Fleischwaren, Wethaur und Naumburger Fleischwaren, Könecke sowie Böklunder Plumrose angehören. Letztere kennen Sie bestimmt durch „Das Würstchen vom Lande".

Aldi Süd bezieht die Kabanossi von dem norddeutschen Familienbetrieb **Schwarz Cranz.**

Aldi Nord	Aldi Süd
Marten Baguette Salami Französische Art Marten Vertriebs GmbH & Co. KG 33330 Gütersloh Veterinärkontrollstempel: DE EV 902	**Nordland Baguette Salami Französische Art** Nordland Fleischwaren 21629 Neu Wulmstorf Veterinärkontrollstempel: DE EV 921

Die Fleischfabrik in Gütersloh gehört zu den größten in Deutschland. Unter der Marke **„Marten"** gibt es verschiedene Salami-Variationen, Roh- und Kochschinken, Pasteten und auch Light-Produkte. Bei Aldi Nord finden sich neben der Baguette-Salami noch Chorizo und Geflügelsalami im Sortiment.
Bei Aldi Süd kommt die Baguette Salami aus Neu Wulmstorf. Das kommt Ihnen vielleicht bekannt vor? Und tatsächlich: Die Veterinärkontrollnummer verrät, dass die Salami aus demselben Hause kommt wie Nordland Feine Würstchen: von **Schwarz Cranz.** Mehr dazu lesen Sie weiter unten.

Aldi Nord	Aldi Süd
Nordland Feine Bratwurst Schwarz Cranz GmbH & Co. KG 21629 Neu Wulmstorf Veterinärkontrollstempel: DE NI-EV 921	**Rote Wurst** Ponnath Die Meistermetzger GmbH 95478 Kemnath Veterinärkontrollstempel: DE EV 330

Im Norden werden die Würstchen von dem traditionsreichen Wursthersteller **Schwarz Cranz** geliefert. Im niedersächsischen

Neu Wulmstorf ist er der größte Arbeitgeber am Ort, und tatsächlich mischt der Schinken- und Wursthersteller bei den größeren Betrieben in Deutschland mit. Gegründet wurde das Unternehmen 1852 von Johann Tobias Schwarz in Cranz, im „Alten Land“ südlich von Hamburg. Heute wird es in siebter Generation von Paul Otto Schwarz und seiner Tochter Kirstin Schwarz geleitet.
Das fränkische Familienunternehmen **Ponnath** hat sich auf die Herstellung von Wurstwaren spezialisiert. Seine Wurzeln reichen zurück bis ins Jahr 1992, als Johann Adam Ponader seinen Metzgereibetrieb eröffnete. Zu Ponnath gehört auch der Nürnberger Rostbratwurst-Hersteller Schlütter's Echte, dessen Würstchen auch in den Aldi Süd-Regalen zu finden sind.

➤ Weitere Produkte von Schwarz Cranz:
Rostbratwurst mit Käse, Schinkengriller, Baguette Salami, Kabanossi

➤ Weitere Produkte von Ponnath:
Regensburger, Delikatess Wurst und Münchener Weißwürste

Aldi Nord	Aldi Süd
Zwiebelmettwurst Karl Könecke GmbH & Co. KG 28309 Bremen Veterinärkontrollstempel: DE EV 73	**Meet Spezialitäten** Tillman's Fleisch & Convenience GmbH Am Schlachthof 1 06667 Weißenfels Veterinärkontrollstempel: DE EV 917

Im Bereich SB-Wurst nimmt die **Karl Könecke GmbH** in Deutschland eine führende Position ein. Blickt man auf das Sortiment, das

Aldi von Könecke im Regal hat, mag man das gerne glauben. Das Bremer Unternehmen gehört seit 2006 der „Zur Mühlen Gruppe“ an. Darunter finden sich auch Unternehmen wie Böklunder Plumrose. Die Zur-Mühlen-Gruppe gehört mit einem Umsatz von 732 Millionen Euro zu den führenden Fleisch- und Wurstwarenherstellern Deutschlands. Daran hat Könecke sicherlich einen großen Anteil. Neben den Dauerwurstwaren wie Könecke Saletti (Salami Snack), Könecke Delikatess Wiener Würstchen, Könecke Geflügelwürstchen, Könecke Bockwürstchen und Könecke Luftgetrocknete Edelsalami bietet Aldi die Wurstwaren „Gut Drei Eichen“ an. Hier gibt es Schinkenwurst, Sülze, Jagdwurst, Leberwurst und Teewurst. Bei den ungekühlten Würstchen finden sich von Könecke: Saletti, Wiener Würstchen, Geflügelwürstchen, Bockwürstchen und luftgetrocknete Salami.

Im Süden kommt die Meetwurst von Tillman's, einem Unternehmen des **B + C. Tönnies** Fleischwerks, wie der Veterinärkontrollnummer zu entnehmen ist. Die Tönnies Gruppe führt das Ranking der Fleischbranche mit einem Umsatz in Höhe von 3,0 Milliarden Euro an. Tillman's stellt auch die „Be light“ Zwiebelmettwurst von Aldi her. Genaueres finden Sie daher auf S. 93.

➤ Weitere Produkte von Tillman's:
Schinken, Be-light Zwiebelmettwurst, Frischfleisch

Feinkostsalate

Aldi Nord	Aldi Süd
Ofterdinger Pellkartoffelsalat	**Wonnemeyer Feinkost – Pellkartoffel-Salat**
Salat- und Mayonnaisenfabrik Hermann Ofterdinger GmbH	Voss-Feinkost
49193 Bad Laer	49193 Bad Laer
Veterinärkontrollstempel: DE NI-EFB 080	Veterinärkontrollstempel: DE NI-EFB 080

Zwar stecken verschiedene Firmen hinter den beiden Varianten des Pellkartoffelsalates von Aldi, doch der Herkunftsort ist der gleiche. Ein Blick in das Handelsregister von Bad Laer zeigt, dass beide Firmen den gleichen Geschäftsführer haben. Doch wozu gehören nun diese Firmen, über die man sonst so gar nichts findet? Ein Blick ins Aldi-Kühlregal hilft weiter. So findet sich auch auf verschiedenen

Shrimpssalaten der Hinweis auf den Hersteller Voss. Diese tragen den Veterinärkontrollstempel DE NI-EFB 080. Und darüber lässt sich dann der Bezug wieder herstellen. Denn die Salatlieferanten von Aldi gehören zur **Homann Feinkost GmbH** & Co. KG, einem führenden Hersteller von Fisch-Feinkost, Feinkostsalaten, Dressings und Saucen. Das Unternehmen erwirtschaftet etwa 40 Prozent seiner Einnahmen mit dem Discounter-Geschäft. Bis 1999 gehörte es zu Unilever, wurde 2004 von Henderson Private Capital übernommen und ging dann im Sommer 2007 an den Ex-Großbäcker Heiner Kamps. Was der mit dem Unternehmen noch so vorhat, bleibt abzuwarten.

➤ Weitere Produkte aus Bad Laer:
Bunter Weißkrautsalat, Gyrossalat mit Zaziki, Feiner Schinken-Lauch-Salat, Shrimps Salate, Dill Sahne Happen

Aldi Nord	Aldi Süd
Tsatziki Molkerei Ammerland 26215 Wiefelstede Veterinärkontrollstempel: DE NI 090	**Zaziki** Heideblume-Molkerei Elsdorf-Rotenburg eG, 27404 Elsdorf Veterinärkontrollstempel: DE NI 033

Im Nordwesten Deutschlands sitzt ein Zusammenschluss von 1.700 regionalen Milchbauern, die seit 1885 ihre Milchprodukte unter dem Namen **Ammerland** vermarkten. Neben Ammerländer Käse gibt es dort Käse, Frischprodukte wie Milch, Desserts oder eben Zaziki, der auch bei Aldi Nord zu haben ist.
Das Aldi-Süd-Produkt stammt von der Molkerei **Heideblume,** über die Sie auf Seite 41 nähere Informationen finden.

Gekühlte Fertiggerichte

Aldi Nord	Aldi Süd
Süße Küche Milchreis und Kirschen in Kirschsauce Buss GmbH & Co. KG 28866 Ottersberg Veterinärkontrollstempel: DE EV 49	*Hier haben wir keine süßen Fertigprodukte gefunden.*

Aus Ottersberg kommt vieles, das Ihnen das Leben leichter macht: Rund 1,4 Millionen fertige Mahlzeiten verlassen den niedersächsischen Betrieb täglich. Seit 1938 der Fleischer Dietrich Buss einen Betrieb zur Konservenherstellung gründete, ist viel passiert. In den 1960er Jahren entwickelte sich die industrielle Lebensmittelproduktion auch bei Buss weiter. 1975 übernahm die Firma Stockmeyer den Betrieb. Heute heißt Stockmeyer **Heristo,** in Anlehnung an den Unternehmensgründer **He**in**ri**ch **Sto**ckmeyer, zählt vom Umsatz her zu den größten Unternehmen der deutschen Nahrungsmittelindustrie und hat noch einige andere namhafte Firmen im Gepäck. Dazu gehören neben Buss noch die Marken Appel, Norda und Füngers, deren Produkte uns noch anderswo bei Aldi begegnen.

➤ Weitere Produkte von Buss:

Wrap, Nudelauflauf „Pizzaria“, Hühnerfrikassee, Brokkoli Gratin

Aldi Nord	Aldi Süd
Hier haben wir keine Maultaschen gefunden.	**Maultaschen** Eugen Rehm, 73773 Aichwald Veterinärkontrollstempel: DE EV 40

Das typisch schwäbische Gericht hat es nur in die Aldi-Süd-Filialen geschafft. Es stammt aus der Produktion der **Eugen Rehm Esslinger Fleischwaren GmbH.** Neben den eigenen zwei Filialen beliefert das Familienunternehmen aus der Nähe von Stuttgart den Groß- und Einzelhandel, Großküchen, Kantinen und Gaststätten. Das Unternehmen legt großen Wert auf Qualität und ist nach IFS (International Food Standard) zertifiziert. Die Maultaschen gibt es in den Geschmacksrichtungen Bärlauch und Fleisch.

Aldi Nord	Aldi Süd
Cucina Steinofen Pizza Freiberger Lebensmittel GmbH Zerpenschleuser Ring 1 13429 Berlin Veterinärkontrollstempel: DE EV 362	**Cucina Steinofen Pizza** Freiberger Lebensmittel GmbH Zerpenschleuser Ring 1 13429 Berlin Veterinärkontrollstempel: DE EV 362

Aus dem Hause Freiberger kommen fertige Pizza, Pasta und Baguettes. Ein großer Teil davon geht an Handelsmarken und wird dann beispielsweise bei Aldi unter dem Namen Cucina verkauft. Steinofen-Pizza kennen Sie aber sicher auch noch unter einem anderen Namen: nämlich unter Alberto. Und richtig – beide Produkte haben denselben Hersteller: die **Freiberger Lebensmittel GmbH.** Ernst Freiberger gründete das Unternehmen 1976, als er eine Pizza-Versandbäckerei in Berlin-Moabit übernahm. Daraus entstand ein Produktionsbetrieb für Tiefkühlprodukte, zu denen seit 1988 auch die berühmte Steinofenpizza gehört. Seit 1989 ist Freiberger eine 100-prozentige Tochter der Südzucker AG, des größten Zuckererzeugers Europas.

➤ Weitere Produkte von Freiberger:
Riggano Steinofen Pizza aus der Tiefkühltruhe

Aldi Nord	Aldi Süd
Kräuter Baguette	**Kräuterbutter-Baguette**
Sinnack Backspezialitäten GmbH & Co. KG	Blumenhof Feinkost GmbH
46395 Bocholt	83513 Reitmehring

Bei Aldi Süd treffen wir beim Kräuterbutter-Baguette einen alten Bekannten wieder: Die Blumenhof Feinkost GmbH, die uns auch schon bei der Kräuterbutter begegnet ist. Sie hat ihren Sitz in Reitmehring, einem Ortsteil von Wasserburg, in der Megglestraße 6-12. Das ist schon ein Hinweis darauf, wer eigentlich hinter diesem Unternehmen steckt: Die **Meggle** AG, deren Anschrift identisch ist. Mehr dazu auf S. 37.

Backspezialitäten zum Fertigbacken, das ist das Steckenpferd des Großbackbetriebes Sinnack. 1970 war er wohl das erste Unternehmen, das Baguettes zum Fertigbacken auf dem deutschen Markt anbot. Mittlerweile findet die Produktion an drei Standorten statt. Auch vor neuen Trends macht Sinnack nicht halt, und so werden allerhand Bio-Produkte angeboten, die auch bei Aldi zu haben sind. Das Kräuterbabuette von Aldi wurde 2004 DLG prämiert.

Mehr zur Firma **Sinnack** auf S. 74.

Fisch

In den Aldi-Regalen tummelt sich allerlei Fischiges. Wir haben uns bei den Konserven, im Kühlregal und im Tiefkühlfach umgesehen und zeigen Ihnen eine kleine Auswahl.

Die Grenzen des Fischkonsums

Fisch kommt immer häufiger auf die Teller deutscher Verbraucher. Der Pro-Kopf-Verbrauch lag im Jahr 2006 bei 15,5 Kilogramm, 2005 waren es noch 14,8 Kilogramm. Das sind gute Nachrichten, denn Fisch ist gesund und enthält viele wertvolle Inhaltsstoffe.

Doch bei aller Liebe zu Fischgerichten und zur gesunden Ernährung gibt es auch kritische Stimmen zum gestiegenen Fischkonsum. So warnt Greenpeace vor den stark schrumpfenden Beständen von Alaska-Seelachs, der als Grundlage für unsere geliebten Fischstäbchen und für Schlemmerfilets dient. Auch der Fang von Thunfisch sei kritisch zu betrachten, da zahllose Haie, Delfine, Schildkröten und Vögel in die Netze der Fischer geraten und bis zu 40 Prozent des Fangs ausmachen können.

Wer sein Gewissen beruhigen will, dem kann beispielsweise der in der Ostsee beheimatete Hering ans Herz gelegt werden, denn dort gibt es gemäßigte Fangquoten, die den Bestand sichern. Beim Kauf von Thunfisch können Sie auf das Siegel „Dolphin Safe“ achten. Dieses Zeichen des Earth Island Institutes garantiert Kontrollen der Thunfisch-Fangmethoden. Und wenn Sie irgendwo über das Siegel des „Marine Stewardship Council“ stolpern: Dieses Zeichen steht für nachhaltige Fischerei. Eine gute Idee … zumindest wenn Sie Wert darauf legen, dass auch Ihre Kinder noch leckeren, gesunden Fisch auf den Tisch bekommen

Aldi Nord	Aldi Süd
FischFiness Heringsfilet	**Armada Heringsfilets**
Hanse Feinkost GmbH	Artur Heymann GmbH
Neufelder Schanze	& Co. KG
27472 Cuxhaven	Mecklenburger Straße 140-142
Veterinärkontrollstempel:	23568 Lübeck
NI-EFB 016	Veterinärkontrollstempel:
	SH-EFB 009

Die Hanse Feinkost GmbH ist als solche im Internet nicht so leicht zu finden. Erst Veterinärkontrollnummer und Adresse geben Aufschluss: Die Aldi-Nord-Heringsfilets stammen aus der gleichen Fabrik wie die Fischkonserven von Appel. Appel gehört wie Buss und Norda seit 1999 der Unternehmensgruppe **Heristo** an. Das Unternehmen kann auf eine mehr als 125-jährige Geschichte zurückblicken, die 1879 mit der Gründung eines Delikatessen-Großhandels durch Heinrich Wilhelm Appel begann. 1905 kam mit dem Firmeneintritt des Sohnes Heinz die erste „Majonäse“ nach deutschem Geschmack auf dem

Markt. Das Markenzeichen der Firma, der Hummer, wurde 1909 von der Künstlerin Anne Koken entworfen. In den 1920ern wurde das Unternehmen zur Aktiengesellschaft mit dem Status „Größte Deutsche Feinkostwerke", doch im Krieg wurde es stark angeschlagen. Es konnte jedoch wieder aufgebaut werden und produziert seit 2003 seine Fischkonserven zusammen mit denen von Norda und eben auch von Hanse Feinkost im modernen Werk in Cuxhaven.
Im Süden kommt der Fisch aus Lübeck, laut Herstellerangaben von der Artur Heymann GmbH. Die Firma, die ihren Fisch unter der Marke Heyco verkauft, hat ihren Sitz unter der gleichen Adresse wie ein anderer bekannter Fischverarbeiter: **Hawesta.** Doch nicht nur das, auch die Veterinärkontrollnummer ist die gleiche wie auf den Fischkonserven von Hawesta. Meldungen der „Lebensmittelzeitung" zufolge wurde im Jahr 2006 die Produktion von Heyco zu Hawesta verlagert. Offenbar ist der Fischverkauf der nach eigenen Worten meistgekauften Fischdauerkonserven-Marke im Jahr 2005 um 21 Prozent zurückgegangen, sodass eine Umstrukturierung des Betriebes notwendig wurde.

Aldi Nord	Aldi Süd
Party Garnelen Büsumer Fischerei GmbH & Co. KG, 25797 Wöhrden Veterinärkontrollstempel: SH-EFB 012	**Party Garnelen** Büsumer Fischerei GmbH & Co. KG, 25797 Wöhrden Veterinärkontrollstempel: SH-EFB 012

Die Büsumer Fischerei vermarktet seit 1918 die Krabben der heimischen Nordseefischer. Heute gehört das Unternehmen zur holländischen **Heiploeg-Gruppe.** Das Angebot ist auf Schalen- und Krustentiere aus aller Welt angewachsen. Neben den Party Garnelen gibt es auch Louisiana Flusskrebse in den Aldi-Regalen.

Aldi Nord	Aldi Süd
Eskimo Schlemmerfilet Pickenpack – Hussmann & Hahn Seafood GmbH 21339 Lüneburg	**Almare Schlemmerfilet** Pickenpack – Hussmann & Hahn Seafood GmbH 21339 Lüneburg

Tiefgefrorene Schlemmerfilets oder Fischstäbchen, das hätte sich Julius Pickenpack sicher nicht träumen lassen, als er 1906 in Altona die Hochseefischerei Pickenpack gründete. Auch nicht, dass seine Erben einmal einen großen Betrieb im binnenländischen Lüneburg aufbauen. Doch mehr als 100 Jahre später haben die Nachfahren des Hochseefischers das Unternehmen zu einem florierenden Produzenten von Private-Label-Tiefkühlfisch gemacht. 2003 fusionierte der Fischproduzent mit dem fast ebenso alten Fisch-Traditionsunternehmen Hussmann & Hahn. Das neue Unternehmen wurde als **PHHS** 2006 Teil der Icelandic Group. Jährlich werden von 650 Mitarbeitern 70.000 Tonnen Fisch produziert. In Deutschland hat PHHS nach eigenen Angaben einen Marktanteil von 25 Prozent bei Fischstäbchen, Fischfilets und Fischmenüs. Und das Unternehmen besticht durch Qualität: Das Almare Schlemmerfilet „Bordelaise" schnitt im Februar 2006 mit der Note „gut" beim Test der „Stiftung Warentest" ab. Die Eskimo Fischstäbchen bei Aldi Nord bekamen im Juni 2006 von „Öko-Test" ein „gut" bescheinigt.

Frischfleisch

Aldi Nord	Aldi Süd
Bauernglück Hackfleisch gemischt B. & C. Tönnies Fleischwerk In der Mark 2 33378 Rheda-Wiedenbrück Veterinärkontrollstempel: DE EV 917	**Rinder-Hackfleisch** Müller Fleisch GmbH Enzstraße 2-4 75217 Birkenfeld Veterinärkontrollstempel: DE EZ 355

Bei Aldi Süd haben wir zwei unterschiedliche Fleischlieferanten gefunden. Zum einem **Tillman's,** die ja unter der Muttergesellschaft **Tönnies** auch im Norden der Republik groß im Geschäft sind. Mehr zu Tillman's und Tönnies auf S. 93.

Und zum anderen die **Müller Fleisch GmbH.** Das Familienunternehmen aus dem schwäbischen Birkenfeld begann 1938 als Viehhandelsunternehmen. 1959 wurde dann ein Schlacht- und Fleischhandelsbetrieb gegründet. Seitdem hat sich das Unternehmen ständig vergrößert und bedient mit ca. 1.000 Tonnen Fleisch pro Woche den Lebensmitteleinzelhandel, Discounter, Verarbeitungsindustrie, Großhandel, Großverbraucher, Metzgerhandwerk und die Gastronomie. Die Qualität sichert das Unternehmen durch die Teilnahme am International Food Standard (IFS) sowie am QS-System.

QS-Siegel – was steckt dahinter?

Das QS-Siegel ist ein Produkt der QS GmbH, die 2001 gegründet wurde, um das Vertrauen der Verbraucher in Fleisch zu stärken. Damals war BSE ein großes Thema und der Fleischabsatz ging rapide zurück. Die Fleisch- und Bauernverbände wollten dem entgegenwirken und entwickelten gemeinsam einen Kriterienkatalog, der die Qualität des Fleisches auf allen Produktionsebenen kontrollieren sollte. Nach anfänglichen Kritiken aus den Reihen der Verbraucherverbände wurde der Kriterienkatalog grundlegend überarbeitet. Mittlerweile wurde das Prüfzeichen auf Obst und Gemüse ausgeweitet.

Aldi Nord	Aldi Süd
Heidemark Hähnchen-Flügel	**Heidemark Hähnchen-Flügel**
Heidemark Vertriebs- und Logistikgesellschaft mbH	Heidemark Vertriebs- und Logistikgesellschaft mbH
Industriestraße 12	Industriestraße 12
49681 Garrel	49681 Garrel
Veterinärkontrollstempel: DE EV 275	Veterinärkontrollstempel: DE EV 275

Aldi lässt sich bei Hähnchen unter anderem von dem Geflügel-Spezialisten **Heidemark** beliefern. Das Unternehmen aus der Nähe von Cloppenburg deckt rund 30 Prozent der deutschen Geflügel-Frischfleischproduktion aus Hähnchen und Pute ab. Es beliefert hauptsächlich Discounter, aber auch den traditionellen Lebensmitteleinzelhandel, Lebensmittelhersteller und den Großhandel. Das Sortiment besteht überwiegend aus für die Selbstbedienung verpackten Frischgeflügelprodukten, Convenience-Produkten (also Fertiggerichten) sowie Wurst- und Räucherwaren. Heidemark vertreibt auch Produkte der Firma Emsland Frischgeflügel GmbH, die beispielsweise für das Putensteak bei Aldi Süd verantwortlich ist.

Tiefgefrorene Fertiggerichte

Aldi Nord	Aldi Süd
Eskimo Rahmspinat mit frischer Sahne Ardo GmbH Gothaer Straße 4 40880 Ratingen	**Gartenkrone Rahmspinat** Ardo GmbH Gothaer Straße 4 40880 Ratingen

In Ratingen bei Düsseldorf sitzt die deutsche Niederlassung des belgischen Unternehmens **Ardo,** das auf die Produktion von tiefgekühltem Blumenkohl, Brokkoli, Spinat und anderen Gemüsesorten spezialisiert ist. Es ist in vielen Ländern Europas aktiv und schreibt sich Qualität auf die Fahnen. So wurde das Buttergemüse mit feiner Kräutersauce von „Öko-Test" im März 2006 mit „sehr gut" ausgezeichnet.

➤ Weitere Produkte von Ardo:
Buttergemüse mit feiner Kräutersauce, Knackiges Dampfgemüse

Aldi Nord	Aldi Süd
Holstensegen Pommes-Frites Dr. Schrödter GmbH Postfach 1346 49628 Essen (Oldenburg)	**Super Pommes Frites** Wernsing Feinkost 49627 Alddrup – Essen i. O.

Aus der Nähe von Oldenburg kommen die Pommes, die bei Aldi Süd im Tiefkühlregal liegen. Sie stammen von der **Wernsing Gruppe,** die mit Pommes Frites und Feinkost einen Jahresumsatz von knapp 600 Millionen Euro macht. Neben Pommes Frites stellt das Unternehmen auch Feinkost her. Zudem ist das niedersächsische

Unternehmen im Ausland aktiv: Zur Gruppe gehören der dänische Kartoffelproduzent Agrico sowie der holländische Matjes-Spezialist Neptunus.
Auch bei Aldi Nord kommen die Pommes aus Essen (Oldenburg). Da es sich um die gleiche Anschrift handelt, ist es nahe liegend, dass hinter der Dr. Schrödter GmbH ebenfalls Wernsing Feinkost steckt.

➤ Weitere Produkte der Wernsing-Gruppe:
Backofen Wellenschnitt Pommes

Aldi Nord	Aldi Süd
Pizza Edelsalami Mantua Surgelati Tiefkühlvertriebsges. mbH & Co. KG, 21244 Buchholz Veterinärkontrollstempel: IT 10004 L CE	**Baroni Trattoria** Mantua Surgelati Tiefkühlvertriebsges. mbH & Co. KG, 21244 Buchholz Veterinärkontrollstempel: IT 10004 L CE

Italienische Pizza original aus Italien – das bekommt man mit der Baroni Trattoria bei Aldi Süd und der Pizza Edelsalami bei Aldi Nord. **Mantua Surgelati** stellt seit 1966 tiefgekühlte Pizza her und beliefert damit hauptsächlich Handelsmarken. Dabei gehen pro Jahr 180 Millionen Stück Pizza vom Band.

Eiscreme

Aldi Nord	Aldi Süd
Mucci Eiskrem 4falt	**Grandessa 4falt**
Roncadin GmbH	Roncadin GmbH
49080 Osnabrück	49080 Osnabrück

Während Eisfans im Norden zu „Mucci“ greifen, holen sie sich im Süden „Grandessa“ aus der Aldi-Tiefkühltruhe. Unabhängig davon ist der Hersteller derselbe: die Firma **Roncadin.** Neben Handelsmarken für alle relevanten europäischen Handelsunternehmen produziert und vermarktet Roncadin auch Marken wie Landliebe, Käpt'n Cool Schatztruhe, Nasch, Valensina und FIT FOR FUN. Zudem produziert Roncadin die Eisriegel-Marken „Mars“, „Snickers“ und „Bounty“.

➤ Weitere Produkte von Roncadin:
Grandessa 12xMini Stileis, Tizio Spezialitäten,
Tizio Caffé Capa Italia

Eiscreme im Blut

Die Firma Roncadin ist mit einer Kapazität von 300 Millionen Litern pro Jahr der drittgrößte Eiscreme-Hersteller in Europa. Das Unternehmen wurde 1970 von Edoardo Roncadin gegründet. Ihm liegt das Eisgeschäft im Blut: Er wuchs im Familienbetrieb seiner Tante Regina Roncadin auf, die 1932 in Osnabrück ihr erstes Eiscafé gründete. Edoardo übernahm 1964 den Betrieb und baute ihn nach und nach zu einer Kette aus. 1982 erfolgte dann gemeinsam mit den Brüdern Siro und Renzo die Industrialisierung und der Aufbau einer Produktionskette in Osnabrück. Dort wurden auch die Mini-Eishörnchen mit den Namen

„Mini-Conos", die europaweit die Gaumen kühlen, entwickelt und patentiert. Der Betrieb wuchs und expandierte ins Ausland. 1999 erfolgt der Gang an die Mailänder Börse. Zu Beginn des neuen Millennium stieg die Firma zum drittgrößten Eiscreme-Hersteller Europas auf und engagierte sich im Markengeschäft: Beispielsweise wird für Dr. Oetker das Kindereis „Schatztruhe", das Diabetiker-Eis „Nasch" und die Eiscreme-Marke „Landliebe" produziert und vermarktet. Schließlich übergaben die Brüder Roncadin das Tagesgeschäft an Achim Schön, der die Expansion Roncadins weiter vorantreibt: von der Lizenzproduktion von „Valensina-Eis" über die Expansion nach Polen bis hin zur Übernahme der Eiscreme-Sparte von Nordmilch im Jahr 2006.

Aldi Nord	Aldi Süd
Trumpf Premium Stieleis	**Grandessa Premium Stieleis**
Eisbär Eis GmbH	Rosen Eis
21641 Apensen	52518 Heinsberg

Im Norden kommt das Stieleis aus dem niedersächsischen Apensen. Dort residiert in der Eisbärstraße 1 der Familienbetrieb **Eisbär Eis GmbH,** der seit 1955 Eis produziert. Was als örtliches Unternehmen begann, expandierte schnell. Heute werden täglich über eine Million Eisportionen produziert und ausgeliefert. Neben dem klassischen Vollsortiment mit mehr als 200 verschiedenen Artikeln, die das Unternehmen unter der Marke Eisbär verkauft, werden auch Eisspezialitäten für Handelsmarken produziert. Neuheit ist das Minus L Laktosefrei Eiskrem für alle, die eine Milchunverträglichkeit haben.

Aldi Süd lässt sein Premium Stieleis von **Rosen Eis** produzieren. Dieses Unternehmen ist in den vergangenen Jahren gewaltig gewachsen. Mit dem Kauf der Eiscreme-Werke von Nestlé Schöller hat sich das

Unternehmen zum größten Anbieter von Speiseeis gemausert. Mit der Eisproduktion für Handelsmarken ist das Unternehmen groß geworden und bleibt es wohl auch. Die Tochterfirma Cassie Eiskrem GmbH produziert unterdessen Eis der Marke „Cassie".
Auch im Export ist Rosen Eis ganz groß. Mit den neu gewonnenen Kapazitäten beliefert der Eis-Hersteller nicht nur das europäische Ausland, sondern auch Australien. Auch mit Nestlé Schöller bleiben die Heinsberger weiter im Geschäft, und zwar als Lohnproduzent für die Schöller-Marken, insbesondere beim handlichen Kleineis für unterwegs.

➤ Andere Sorten von Rosen Eis:
Eiskalte Kiste, Cola Swip, be light Waffelhörnchen, Monarc Waffelhörnchen, Monarc ballinis, Grandessa Big Nut, Grandessa Premium, Sandwich Classic, Grandessa Premium Eiskrem, Tizio Eiskrem und Be light Fruchteis

➤ Andere Sorten von Eisbär:
Kid Fantasy Kindereis, Nacho Waffeleis, Star Parade, Waffelhörnchen

Tiefgekühlte Backwaren

Aldi Nord	Aldi Süd
10 Apfelkissen	**Teviana – 10 Apfelkissen**
Backfrost Caldino GmbH	Backfrost Caldino GmbH
Hansastraße 10	Hansastraße 10
49497 Mettingen	49497 Mettingen

Backfrost Caldino ist Lieferant von tiefgekühlten Torten und Kuchen für Aldi Nord und Aldi Süd. Doch die Backfrost Caldino GmbH ist nicht nur irgendein Backbetrieb in Niedersachsen. Im Mettinger Werk werden nämlich Kuchen und Torten des Familienunternehmens Conditorei **Coppenrath & Wiese** hergestellt.

Offiziell bekennt sich das Unternehmen nicht unbedingt zu seiner Handelsmarken-Produktion, aber dennoch landen die Backwaren des Marktführers in den Tiefkühlregalen von Aldi. Viel hat der Backwarenhersteller allerdings nicht zu verlieren: Im Segment Torten ist Coppenrath & Wiese mit 68,9 Prozent Marktanteil unangefochtener

Marktführer. Der Kuchen, den es im Tiefkühl-Backwarensegment zu verteilen gibt, ist groß: Insgesamt wurden 2006 laut dem Konsumforscher AC Nielsen 496 Millionen Euro umgesetzt.

➤ Weitere Produkte von Backfrost Caldino:
Käse Streuselkuchen, Bienenstich, Pflaumen-Streusel-Kuchen, Schokoladen-Sahne-Torte, Apfelkuchen, Mini-Berliner

Aldi Nord	Aldi Süd
Meisterstück Johannisbeerkokoskuchen S & P GmbH Ziegeleistraße 4 99880 Waltershausen	*Bei Aldi Süd fanden wir keinen vergleichbaren Obstkuchen.*

Hier hat Aldi sich einen Lieferanten aus Thüringen gesucht, um seine feinen Tiefkühlkuchen zu produzieren. Unter derselben Adresse wie S & P weilt nämlich die Firma **THOKS – Thüringer Obstkuchen Spezialist.** Seit mehr als zehn Jahren werden in Waltershausen original Thüringer Obstkuchen-Spezialitäten mit typischem Hefeteigboden gebacken, eingefroren und verkauft.

➤ Weitere Kuchen von THOKS:
Schmand-Erdbeer, Bienenstich, Käse-Streusel-Kuchen, Apfel-Streusel-Kuchen

Bio-Produkte

Aldi und Bio – das schließt sich keineswegs aus. Und so haben in den letzten beiden Jahren immer mehr Produkte aus biologischem Anbau ihren Weg in die Regale des Discounters gefunden.

Bio im Discounter?

Der Biomarkt boomt. Jährliche Zuwachsraten von mehr als zehn Prozent machen diesen Markt auch für die Discounter lohnenswert. Obwohl Bio-Lebensmittel bislang nur drei Prozent der in Deutschland konsumierten Esswaren ausmachen, werden auf diesem Markt immerhin vier Milliarden Euro umgesetzt.

Als erster Discounter nahm Plus 2002 mit dem Label „BioBio“ kontrolliert ökologische Produkte im Sortiment auf. Was mit 23 Artikeln begann, ist inzwischen auf 140 gewachsen. Aldi sprang 2006 auf den Zug auf. Aldi Süd verkauft unter dem Label „bio“, Aldi Nord setzt auf „Prima bio“.

Mittlerweile verkauft Aldi fünfmal so viele Biokartoffeln wie der gesamte Naturkosthandel. Der Einstieg von Supermärkten und Discountern in das Bio-Segment steigert die Nachfrage nach Bio-Waren, die heimische Bauern oft nicht decken können. Das hat zur Folge, dass der befürchtete Preisdruck auf die Produzenten nicht stattfand und noch die marktwirtschaftlichen Gesetze von Angebot und Nachfrage herrschen. Vom Bio-Boom profitieren können allerdings nur die Großen, die entsprechende Mengen liefern können. Daher stellen große Betriebe wie die Behr AG im norddeutschen Ohlendorf Teile der Erzeugung auf Bio um: 1.000 Hektar werden dort nach der EU-Biorichtlinie bewirtschaftet. Das sorgt für profitable Strukturen, von denen kleine Ökobauern nur träumen können.

Aldi Nord	Aldi Süd
Prima Bio Finnkorn	**Bio Toastbrötchen Weizen**
Bio-Vollkorn-Toastbrötchen	ProBack GmbH
Sinnack Backspezialitäten	52146 Würselen
GmbH & Co. KG	
46395 Bocholt	

Die beiden Produkte haben nicht nur unterschiedliche Namen, sie stammen auch aus unterschiedlichen Backbetrieben. Aldi Nord lässt seine Bio-Vollkorn-Toastbrötchen bei **Sinnack Backspezialitäten** in Bocholt produzieren. Das Unternehmen wurde 1899 gegründet und ist heute zu einem Backwarenhersteller mit großen Kapazitäten geworden, der ein breites Produktspektrum an Handelsmarken anbietet. Auch den Bio-Markt hat das Unternehmen für sich entdeckt und beliefert die Aldi Nord-Märkte mit Bio-Produkten.

In der Nähe von Aachen sitzt das Unternehmen **ProBack,** das seine internationalen Backspezialitäten unter dem Namen Ibis vertreibt. Das Sortiment umfasst Waren aus aller Herren Länder wie Ciabatta, Smoerbroed, Muffins oder Asia-Cracker und wird auch für Handelsmarken produziert.

Aldi Nord	Aldi Süd
Bei Aldi Nord haben wir keinen	**Bio Premium Röstkaffee**
Bio-Kaffee gefunden.	Aldi GmbH & Co. KG
	Kaffeerösterei
	68775 Ketsch

Bio-Kaffee und dann noch Aldi als Hersteller? Wie kann das sein? Nun, **Aldi** unterhält eigene Kaffeeröstereien und bietet dadurch immer den günstigsten Kaffee an. Das ist auch beim Bio-Kaffee gelungen. Er liegt preislich weit unter den anderen Anbietern von Bio-Kaffee – und das Ganze bei sehr guter Qualität. Das bescheinigte „Öko-Test" im September 2007.

Aldi Nord	Aldi Süd
Prima Bio Bio-Kräutertee	**Bio Kräuter Tee**
Markus Kaffee GmbH 28844 Weyhe	Ostfriesische Tee Gesellschaft Laurens Spethmann GmbH & Co. KG, Am Bauhof 13-15 21218 Seevetal

Der Bio-Tee von Aldi Nord stammt aus einer der eigenen Kaffee-Röstereien von **Aldi,** nämlich der in Weyhe, wo Aldi Nord auch den Markus Kaffee rösten lässt. Im Preis ist der Bio-Tee von Aldi unschlagbar, aber im „Öko-Test" 2007 hat er nicht ganz so gut abgeschnitten. Lediglich „gut" bekam er von den Testern attestiert. Beim Test wurde eine erhöhte Pestizidbelastung gefunden. Das wird Aldi sicherlich veranlassen, noch besser auf seine Lieferanten zu achten.
Aldi Süd bleibt seinem Tee-Lieferanten **OTG** auch beim Bio-Tee treu. Zwar bietet OTG selbst keinen Bio-Tee an, aber es scheint kein Problem zu sein, für die Handelsmarken Bio-Tee zu produzieren.

➤ Weitere Bio-Teesorten von OTG:
Fenchel, Früchte

Aldi Nord	Aldi Süd
Bio-Dinkel-Honig-Tiere	**Bio-Dinkel-Honig-Tiere**
St. Hubertus Dauerbackwaren-vertrieb GmbH	St. Hubertus Dauerbackwaren-vertrieb GmbH
Vor dem Celler Tor 49	Vor dem Celler Tor 49
31303 Burgdorf	31303 Burgdorf

Hinter dem Namen St. Hubertus Dauerbackwarenvertrieb GmbH verbirgt sich die **Georg Parlasca Keksfabrik** GmbH, die unter derselben Adresse residiert. Vor mehr als 100 Jahren wurde das Unternehmen als Speculatius-Spezialist bekannt. Mittlerweile haben sich die Sparten „Diät-Gebäcke für Diabetiker“ und „Bio-Gebäcke“ zu Hauptgeschäftsfeldern des Unternehmens entwickelt. Kekse werden unter dem Namen Parlasca verkauft. Für Großkunden produziert das Unternehmen individuelle Produkte wie auch die Bio-Dinkel-Honig-Tiere für Aldi Süd. Seit Beginn der 1990er Jahre hat sich das Unternehmen mit „Produkten aus kontrolliert biologischer Landwirtschaft“ in Stellung gebracht.

➤ Weiteres Bio-Gebäck von St. Hubertus:
Müsli-Gebäck, Dinkel-Plätzchen

Aldi Nord	Aldi Süd
Hier haben wir keine Bio-Reiswaffeln gefunden. Angeblich handelt es sich dabei um Saisonware.	**Bio-Reiswaffeln**
	hig Hagemann GmbH
	Postfach 1451
	48575 Gronau

Die Bio-Reiswaffeln von Aldi Süd kommen von einem alten Bekannten: Die Firma **hig Hagemann** ist ein Keks- und Kuchenhersteller.

Das Unternehmen konzentriert sich auf Handelsmarken und stellt für Aldi auch Doppelkeks-Rollen her. Es gehört zur holländischen Gruppe „Continental Bakeries".

Wie sicher ist Bio?

Immer wieder berichten die Medien von Pestizidrückständen in Bio-Ware. Vor allem Gemüse aus Italien fiel durch eine zu hohe Pestizidbelastung auf. Daher fragen sich Verbraucher: Wie sicher ist Bio überhaupt? Eine Untersuchung des Chemischen und Veterinäruntersuchungsamtes Stuttgart stellte in der Zeit von 2002 bis 2006 eine gleich bleibende Zahl von Beanstandungen fest. Bei vielen Lebensmitteln hat sich die Rückstandssituation sogar verbessert.

Natürlich wächst Bio-Gemüse nicht unter einer Glasglocke, so dass Umweltbelastungen auch auf diese Weise ins Gemüse kommen. Auch durch Vermischung mit konventioneller Ware kann es zu Verunreinigungen kommen. Allerdings muss die Arbeit der Kontrollstellen in den Erzeugerländern verbessert werden, so dass Missstände sofort lokalisiert werden. Der wachsende Ökoboom trägt sicher dazu bei, dass skrupellose Geschäftemacher mitverdienen wollen. Deshalb müssen Kontrollstellen, Behörden und Anbieter wachsam bleiben.

Bei Aldi sind Bioprodukte laut Öko-Test qualitativ fast durch die Bank sehr gut bis gut bewertet worden. Kritiker beanstanden jedoch, dass bei den Tests viele Produkte aus Fleisch-, Obst- und Gemüsetheke noch nicht getestet und Aspekte wie Nachhaltigkeit und Transparenz außer Acht gelassen wurden. Mit kleinen, gewissenhaft arbeitenden Produzenten vor Ort kann man die in Masse produzierten Bio-Produkte bei Aldi sicher nicht vergleichen. Beim Preis-Leistungs-Verhältnis sind die Bio-Produkte von Aldi aber unschlagbar.

Aldi Nord	Aldi Süd
Bei Aldi Nord haben wir keine Bio-Konfitüre gefunden.	**Bio Konfitüre** STUTE Nahrungsmittelwerke GmbH & Co. KG 33054 Paderborn

Erdbeere und Aprikose – das sind die Geschmacksrichtungen, in denen Aldi seine Bio-Konfitüre anbietet. Genauso wie der Bio-Honig stammen diese süßen Brotaufstriche aus dem Hause **Stute.** In zwei Werken in Paderborn werden Getränke wie Säfte und Eistee, süße Brotaufstriche sowie Obst- und Gemüsekonserven produziert. Hauptabnehmer der Stute-Produkte ist nach wie vor Aldi, auch wenn das Unternehmen parallel dazu seit den 1960er Jahren kräftig gewachsen ist. Eine Tochterfirma in Großbritannien vertreibt die Marke Stute international, und so werden die Produkte auch unter der Marke Stute nach Nordamerika und Australien exportiert. Stute selbst sieht sich vor allem als Anbieter von Handelsmarken mit einem guten Preis-Leistungs-Verhältnis. Entsprechend den Ansprüchen des Hauptkunden Aldi zählt das Paderborner Unternehmen zu den effizientesten Produktionsbetrieben der Nahrungsmittelindustrie.

➤ Weitere Produkte von Stute:
Konfitüren, Imker-Honig, Fruchtsäfte, Eis-Tee

Aldi Nord	Aldi Süd
Prima Bio Bio-Soja-Reis-Drink	**Bio Sojadrink**
ENV Lebensmittel GmbH	DE-VAU-GE Gesundkostwerk GmbH
Natumi AG	Postfach 1660
53775 Eitorf	21306 Lüneburg

Hinter dem Hersteller ENV Lebensmittel steckt der Hersteller für pflanzliche Bioprodukte **Natumi** GmbH. Der Naturkosthersteller der ersten Stunde mit Sitz in Nordrhein-Westfalen produziert pflanzliche Milchalternativen unter der Marke Natumi. Dazu gehören Sojadrinks, Sojadesserts, Soja-„Sahne", Reisdrinks und Haferdrinks in verschiedenen Variationen.

Wenn Sie Reformhaus-Kunde sind, dann ist Ihnen sicher die Marke „GranoVita" ein Begriff. Vom Müsli über Tofu und Nudeln bis hin zu Soja-Drinks reicht das Produktangebot dieser Marke, hinter der ein

Unternehmen mit langjähriger Erfahrung in der Produktion von gesunder Ernährung steckt: die **DE-VAU-GE Gesundheitswerk GmbH.** Die Gründung des Deutschen Vereins für Gesundheitspflege (DVG) liegt im Jahr 1899. Im Rahmen der Reformbewegung wollten bibelgläubige Christen vegetarische Lebensmittel herstellen, die zur Gesundheit beitragen. Und so entstanden die ersten Knusperflocken Deutschlands. Heute ist das Lüneburger Unternehmen ganz groß im Discounter-Geschäft. Mit der eigenen Tochtergesellschaft Milk-Snack GmbH in Tangermünde werden Frühstücksflocken und Müsliriegel auf Wunsch produziert.

Aldi Nord	Aldi Süd
Bei Aldi Nord haben wir keinen Bio-Mozzarella gefunden.	**Bio-Mozzarella** Goldsteig Käsereien Bayernwald GmbH, 93413 Cham Veterinärkontrollstempel: DE BY 301

Die Werbung wird Ihnen vielleicht im Ohr liegen: „So ein Käse!" Damit wirbt das Unternehmen für seine Produkte. Was Sie aber vielleicht nicht wissen: **Goldsteig** ist der größte Mozzarella-Hersteller Deutschlands. Seine Erfolgsgeschichte begann 1992, als sich die Goldsteig Käserei Plattling eG und die Erzeugergemeinschaft Molkereigenossenschaft Cham eG zusammenschlossen. Die Käserei wird durch 5.300 Milchbauern beliefert. Unter dem Markennamen Goldsteig bietet das Chamer Unternehmen neben Mozzarella auch Weichkäse, Emmentaler, Schnittkäse und Rotkultur an. Daneben gibt es andere Milchprodukte wie Butter, Joghurt, Schlagsahne, Mascarpone und Ricotta.

Aldi Nord	Aldi Süd
Prima Bio Joghurt Tirol Milch A-6020 Innsbruck Veterinärkontrollstempel: AT M-T 032	**Bio Joghurt** Molkerei Gropper GmbH & Co. KG, Am Mühlberg 2 86657 Bissingen Veterinärkontrollstempel: DE BY 723

Von **Tirol Milch** aus Innsbruck bezieht Aldi Nord seinen Bio-Joghurt. Seit 1904 ist das Unternehmen, das unter dem Namen Tiroler Zentralmolkerei Innsbruck gegründet wurde, Hersteller und Vermarkter der Tiroler Milchbauern. Heute beliefern rund 5.000 Tiroler Bauern das Unternehmen, das Milch und Milchdrinks, Butter, Joghurt, Käse und Speiseeis produziert und unter Marken wie Latella, Tiroler Fruchtjoghurt oder Tiroler Eistraum verkauft.
Seit 75 Jahren produziert das bayerische Unternehmen **Gropper** Milchprodukte. 1987 war es die erste Molkerei in Deutschland, die Milch in Mehrwegflaschen abfüllte. Neben seinen Marken Gropper und seit 1997 Deller produziert es auch im großen Stil für Handelsmarken. Ebenso tritt Gropper als Produzent von Lizenzmarken wie Käfer (seit 1993) in Erscheinung.

➤ Prima Bio Joghurts bei Aldi Nord:
Erdbeere, Pfirsich-Aprikose, Apfel-Birne + Müsli, Kirsch-Vanille, Himbeere + Müsli

➤ Weitere Bio-Joghurts bei Aldi Süd:
Pur, Vanille, Erdbeer, Pfirsich und Kirsch

Aldi Nord	Aldi Süd
Bei Aldi Nord haben wir keine Bio Saure Sahne gefunden.	**Bio Saure Sahne** Allgäuland-Käsereien GmbH 88231 Wangen im Allgäu Veterinärkontrollstempel: DE BY 707

Die **Allgäuland-Käsereien** haben wir ja bereits als Teilhaber der Bergland-Käsereien kennengelernt. Aber hinter dem Allgäuer Unternehmen steckt noch viel mehr: Mit 3.593 Milchlieferanten gehört Allgäuland zu den 15 größten deutschen Milchverarbeitungsunternehmen. Die Marken von Allgäuland dürften Ihnen beim Einkauf auch schon öfters begegnet sein. Dazu gehört Allgäuland, die als Dachmarke für frische Milch- und Käseprodukte dient. Außerdem gibt es Bergbauern, eine Marke, die durch traditionelle und umweltgerechte Bewirtschaftung den Erhalt des alpenländischen Kulturraums und Ökosystems sichern soll. Und schließlich soll Allgäuland Bio für den guten Geschmack bei Bio-Produkten stehen. Davon können Sie sich auch bei Aldi überzeugen. Die von uns gekaufte Saure Sahne stammt laut Veterinärkontrollnummer aus dem Verarbeitungsbetrieb in Augsburg.

Was bedeutet Bio?

Sie fragen sich vielleicht, wie viel Bio denn wirklich in den Bio-Discounter-Marken steckt. Die Antwort ist einfach: So viel Bio, wie es das staatliche Bio-Siegel vorschreibt. Mit dem „EU-Biosiegel" werden Produkte gekennzeichnet, deren Zutaten zu mindestens 95 Prozent aus ökologischem Landbau stammen. Die Bestrahlung der Lebensmittel, die Verwendung gentechnisch manipulierter Organismen sowie der Gebrauch von chemisch-synthetischem Pflanzenschutz und minerali-

schem Dünger ist verboten. Pflicht ist auch der Anbau abwechslungsreicher Fruchtfolgen auf den Feldern, flächengebundene und artgerechte Tierhaltung und die Fütterung der Tiere mit ökologisch produzierten Futtermitteln.
Die Kriterien des EU-Biosiegels sind der kleinste gemeinsame Nenner innerhalb der europäischen Gemeinschaft und lange nicht so streng, wie die der ökologischen Anbauverbände oder einzelner Bio-Marken. Nach dem „EU-Bio-Siegel" kann beispielsweise in einem Betrieb ökologischer und konventioneller Landbau nebeneinander betrieben werden. Die Umstellungszeit von konventioneller auf ökologische Anbauweise beträgt nur ein Jahr – die meisten ökologischen Anbauverbände verlangen mindestens zwei Jahre.
Wer mehr Bio möchte, sollte auf Produkte der Bio-Anbauverbände wie Bioland oder Demeter umsteigen. Dort steht der zentrale Gedanke der Kreislaufwirtschaft im Mittelpunkt. Während ein EU-Bio-Bauer konventionell und biologisch mischen darf, ist das bei Kreislaufwirtschaft tabu.

Aldi Nord	Aldi Süd
Bei Aldi Nord haben wir keinen Bio-Reis gefunden.	**Spitzen-Langkorn-Reis** Müller's Mühle GmbH 45801 Gelsenkirchen

Der Bio-Reis aus dem Aldi-Regal stammt aus einem Unternehmen, das nicht nur auf eine über 100-jährige Geschichte zurückblicken kann, sondern auch eine der modernsten Reismühlen der Welt besitzt. Im Gelsenkirchener Stadtteil Schalke werden Reis und Hülsenfrüchte be- und verarbeitet. Abnehmer sind in vielen Fällen Handelsketten, die ihren Reis in **Müller's Mühle** kaufen. Ganz neu im Programm sind auch Bio-Produkte.

Aldi Nord	Aldi Süd
Bei Aldi Nord haben wir keine Bio-Feinkostsalate gefunden.	**Bio Feinkostsalat** Heinrich Kühlmann GmbH & Co. KG, 33397 Rietberg Veterinärkontrollstempel: DE EV 1161 / DE NW-EFB 203

Heinrich Kühlmann aus dem ost-westfälischen Rietberg ist spezialisiert auf die Herstellung von Feinkost für die Eigenmarkenproduktion der Handelsketten. Neuester Coup ist die Herstellung von Bio-Feinkostsalaten. Hier schlägt auch Aldi Süd zu. Für Weight Watchers produziert das Unternehmen Brotaufstriche, Feinkostsalate und frische Pizzen.

➤ Weitere Bio-Produkte von Heinrich Kühlmann:
Eiersalat, Wurstsalat, Krautsalat, Hühnchensalat

Aldi Nord	Aldi Süd
Bei Aldi Nord haben wir keine Bio-Margarine gefunden.	**Bio-Vital-Margarine** Heinrich Hamker Lebensmittelwerke GmbH & Co. KG Heinrich-Hamker-Straße 20 49152 Bad Essen

Die **Heinrich Hamker** Lebensmittelwerke sind bei Aldi ganz groß im Geschäft. Viele konventionelle Saucen und Ketchup stammen aus dem Hause Hamker. Nun beliefert das Unternehmen Aldi auch mit Bio-Margarine.

Seit 1907 wird von der Firma Hamker, die von Heinrich Hamker als Margarinefabrik und Dampfmolkerei in Hannover gegründet wurde, Margarine produziert. Regional ist das Unternehmen mit Marken wie Sana, Hacona und Wiesenmädel bekannt. Die Produktion wurde 1959 auf Feinkost ausgeweitet und der Betrieb immer weiter modernisiert. 2004 ging das Unternehmen dann auf internationalen Expansionskurs, kaufte von der belgischen Vandemoortele Gruppe die Division Mayonnaise und Saucen und ist seitdem führender Anbieter in Großbritannien, Frankreich und Belgien.

Aldi Nord	Aldi Süd
Prima Bio Gemüse Copack Tiefkühlkost Produktionsgesellschaft mbH 27531 Bremerhaven	**Bio 8 Gemüsestäbchen** Copack Tiefkühlkost Produktionsgesellschaft mbH 27531 Bremerhaven

Hinter der Copack Tiefkühlkost Produktionsgesellschaft mbH steckt der Tiefkühlproduzent **Frosta.** Das ist kein großes Geheimnis, denn auf der Internetseite der Aktiengesellschaft taucht die Copack Tiefkühlkost-Produktions GmbH unter der Rubrik Vertriebsgesellschaften auf. Immerhin 58 Prozent des Umsatzes erzielt das Unternehmen aus Bremerhaven mit Handelsmarken. Neben Aldi werden Nordsee, Burger King und BoFrost von dem mittelständischen Unternehmen beliefert.

➤ Weitere Bio-Produkte von Copack:
Spinat-Taschen, Gemüsetaler

Frosta setzt auf Reinheit

Seit 2003 wirbt Frosta mit einem Reinheitsgebot. Das heißt: In den Markenprodukten wird auf jegliche Art von Zusatzstoffen verzichtet. Darunter fallen Farb- und Aromazusätze, Emulgatoren und Stabilisatoren, chemisch modifizierte Stärken sowie Geschmacksverstärker. Rund 100 Zusatzstoffe hat Frosta aus der Produktion verbannt. Das war kein einfaches Unterfangen und dauerte gute zwei Jahre. Die penible Auswahl der Rohstoffe hat jedoch auch ihren Preis, und so wurden Frosta-Produkte teurer. Dies führte zunächst zu Umsatzeinbußen, doch mittlerweile schätzen die Verbraucher die Reinheit der Frosta-Tiefkühlprodukte und greifen wieder kräftig zu.

Light-Produkte

Aldi Süd hat sich für seine Light-Produkte eine gut erkennbare Marke mit eigener Farbe und eigenem Logo ausgedacht und sie ganz einfach „Be light – Leichte Linie“ genannt. Die Anzahl der Light-Produkte scheint auch ständig zu wachsen. Waren es anfangs vor allem Milchprodukte und Wurstwaren, so sind nun auch zuckerfreie Bonbons oder Joghurt-Dressing zu finden. Markenhersteller, die ihre Produkte unter eigener Marke bei Aldi verkaufen, haben sogar das spezielle Be-light-Logo auf ihrer Verpackung. Beispiele dafür sind die salzigen leichten Kekse von TUC und der leichte Käse Mini-Babybel.
Im Norden finden sich neben den regulären fettreduzierten Produkten der Hersteller die Labels „Jogging“ oder „Leichter Genuss“ für Light-Produkte, aber auch die Be-light-Produkte von Aldi Süd.
Was „light“ bedeutet wird auf der Internetseite des Aldi-Süd-Imperiums aus Mülheim beschrieben: „Zucker, Fett und/oder Kalorien sind reduziert – Vitamine und Mineralstoffe bleiben erhalten.“

Aldi Nord	Aldi Süd
Hier haben wir keine leichte Konfitüre gefunden.	**Erdbeer Fruchtaufstrich** W.L. Ahrens GmbH & Co. KG 33054 Paderborn

Auch hier treffen wir einen altbekannten Hersteller des Aldi-Sortiments wieder. Das Paderborner Unternehmen ist ein Ableger der **Stute Nahrungsmittelwerke,** die ihr Geld mit Säften und süßen Frühstücksprodukten verdienen. Das Hauptgeschäftsfeld von Stute ist die Produktion von Handelsmarken und dabei ist Aldi der größte Abnehmer. Mehr über Stute erfahren Sie auf Seite 78.

Aldi Nord	Aldi Süd
Chips Cracker – gebackener Kartoffelsnack snack and smile Company GmbH, Postfach 22094 Hamburg	**Be light Chips Cracker** snack and smile Company GmbH, Postfach 22094 Hamburg

Snack and smile versteckt sich hinter einer Postfachadresse in Hamburg. Recherchiert man allerdings nach der Hausanschrift, so findet man die Hamburger Grusonstraße 51. Genau unter der gleichen Adresse findet sich auch die **Intersnack GmbH.** Das mag Ihnen zunächst nicht viel sagen. Hören Sie aber dann die Namen „funny-frisch“, „Chio“, „PomBär“ oder „goldfischli“, sieht es schon anders aus. Mehr über Intersnack erfahren Sie auf Seite 36.

Knabberartikel, darunter auch gebackene Kartoffelsnacks, liegen im Trend: Leichte Produkte, Cracker, Reisgebäck und Brotchips verzeichnen bei den Verkäufen zweistellige Wachstumsraten. An diesem Aufschwung möchte auch Aldi beteiligt sein.

Aldi Nord	Aldi Süd
Be light Erdnuss Flips IBU GmbH Postfach 1341 63233 Neu-Isenburg	**Be light Erdnuss Flips** IBU GmbH Postfach 1341 63233 Neu-Isenburg

Auf vielen Knabberprodukten der Aldi-Regale findet sich der Hersteller IBU wieder, so auch bei den Light-Chips. Wer sich in der Welt der Chips auskennt, weiß, welche weltweit agierende Firma in Neu-Isenburg sitzt. Richtig, das ist die **Lorenz Snack World.** Seit 2006 verkauft das Unternehmen seine Knabbersachen unter dem Namen

Lorenz. Aus strategischen Gründen hatte die Firma Bahlsen das salzige Knabbergeschäft von dem süßen Gebäck getrennt.

- Andere Be-light-Produkte von IBU:
  Geriffelte, fettreduzierte Kartoffelchips

Aldi Nord	Aldi Süd
Hier haben wir keinen Schokodrink gefunden.	**Be light Schokodrink** Milch-Union Hocheifel eG 54597 Pronsfeld Veterinärkontrollstempel: DE RP 247

Auf den ersten Blick wird Ihnen die die **Milch-Union Hocheifel** nicht viel sagen. Dennoch ist das Unternehmen einer der größten H-Milch-Hersteller in Europa. Neben der eigenen Marke MUH, die es seit 2002 im Handel gibt, konzentriert sich die Milch-Union auf das Geschäft mit Handelsmarken, das 90 Prozent des Absatzes ausmacht.

Neben H-Milch stellt MUH Kondensmilch, Sahne, Schmand, Milchmischgetränke, Kaffeesahne und Dessertsaucen her.
Rund 2.700 Betriebe aus der Eifel, den Ardennen, dem Niederrhein und dem Bergischen Land beliefern den Pronsfelder Betrieb. Durch die unmittelbare Nachbarschaft zu Belgien und zu Luxemburg haben sich auch Milchbauern aus diesen Ländern der Milch-Union Hocheifel angeschlossen. Auch beim Verkauf ist der Milch-Vermarkter international aufgestellt: 30 Prozent der Umsätze werden durch den Verkauf in 20 europäische Länder im Ausland getätigt.

Aldi Nord	Aldi Süd
Bei Aldi Nord haben wir keinen Light-Reibekäse gefunden.	**Be light Reibekäse – Leicht und pikant zum Überbacken** Allgäuland-Käsereien GmbH 88231 Wangen im Allgäu Veterinärkontrollstempel: DE BY 7125

Im Allgäu ist **Allgäuland,** ein Zusammenschluss genossenschaftlicher Molkereien, beheimatet. Das Unternehmen ist der zweitgrößte Milchverarbeiter in Baden-Württemberg. Neben der Marke Allgäuland gibt es noch die Sparten Bio und Bergbauern. Doch die Allgäuer produzieren auch für Discounter. Gerade ihre Ausrichtung auf Bio macht sich dabei bezahlt, denn vor allem die Bio-Käsesorten werden vom Handel nachgefragt.
Dieser spezielle Käse stammt von der Bergland Naturkäse GmbH aus Lindenberg im Allgäu, an der Allgäuland mit 50 Prozent beteiligt ist.

Aldi Nord	Aldi Süd
Delikatess Putenbrust 98 % fettfrei Specht Fleischwaren Vertriebs GmbH & Co. KG Hesselteicher Straße 81 33829 Borgholzhausen Veterinärkontrollstempel: DE EV 1519	**Be light Delikatess Truthahn** Stockmeyer GmbH 48333 Sassenberg Veterinärkontrollstempel: DE EV 15

Die Firma Stockmeyer GmbH gehört zur **Heristo Gruppe** und ist innerhalb dieser verantwortlich für die Fleischveredelung. Darin hat sie viel Erfahrung, denn das Unternehmen war in den 1960er Jahren einer der Vorreiter der SB-Theke im Wurstbereich, als es vorverpackte Wurstwaren auf den deutschen Markt brachte. Bereits 1913 pro-

duzierten Lina und Heinrich Stockmeyer im westfälischen Versmold Wurst- und Fleischwaren. Im Laufe der Jahre expandierte der Familienbetrieb, der 1970 in eine Aktiengesellschaft umgewandelt wurde, so dass das Unternehmens-Konglomerat im Jahr 2005 schließlich in Heristo umbenannt wurde (siehe Seite 57). Die Fleischwarenfabrik Stockmeyer GmbH ist darin eine Tochterfirma und produziert in einer der modernsten Produktionsstätten für Wurst in Europa Koch-, Roh- und Brühwurst. Unter der Marke Provital werden klassische und Geflügelwurstspezialitäten verkauft. Zur Stockmeyer-Gruppe gehört zudem der bayrische Hersteller von regionalen Wurstspezialitäten Anton Riedl sowie das polnische Unternehmen Balcerzak i Spolka. Das Unternehmen versteckt seine Produktion für Handelsmarken nicht, und so findet sich eben diese Firma für jedermann lesbar am unteren Rand der Verpackung.

Aldi Nord lässt seine leichte Putenwurst von der **Specht** Fleischwaren Vertriebs GmbH produzieren. Dabei handelt es sich um einen Hersteller für Leichtkost-Wurstwaren und kalorienarme Delikatessen.

➤ Weitere leichte Produkte von Stockmeyer:
Waltner Wurst & Schinken – Prosciutto Cotto 3

Aldi Nord	Aldi Süd
Be-light Frisches Vespermett Tillman's Fleisch & Convenience GmbH, Am Schlachthof 1 06667 Weißenfels Veterinärkontrollstempel: DE EV 917	**Be-light Frisches Vespermett** Tillman's Fleisch & Convenience GmbH, Am Schlachthof 1 06667 Weißenfels Veterinärkontrollstempel: DE EV 917

Hinter der Vermarktungsgesellschaft Tillman's steht der größte Fleischproduzent Europas **Tönnies.** Seit 1971 kommt aus der Tönnies-Zentrale im nordrhein-westfälischen Rheda Frischfleisch in deutsche Fleischtheken. Mittlerweile hat sich das Unternehmen zu einem der größten Schlachtbetriebe entwickelt und ist auch international tätig. Durch strenge Qualitätskriterien und tierfreundlichen Transport und Schlachtung setzt es auf Qualität. Bei Tillman's in Sachsen-Anhalt werden diese Produkte dann weiterverarbeitet und verkauft. Unter dem Label „Tillman's" finden sich auch viele Produkte in der Frischfleisch-Theke.

Leo Lausemaus

Für die Produktgruppe Leo Lausemaus hat sich Aldi altbekannte Handelsmarken-Hersteller angelacht. Die Produkte zeichnen sich durch weniger Fett oder weniger Zucker aus und sollen somit kinderfreundlicher sein. Da es sich bei Aldi Nord und Aldi Süd jeweils um den gleichen Hersteller handelt, haben wir auf eine getrennte Aufzählung verzichtet.

Aldi Nord und Süd

Lausemäuschen
Smile Factory
Postfach 100806
46428 Emmerich

Bei der Recherche nach der Smile Factory stößt man auf ein Unternehmen, das sich die Adresse mit der Smile Factory teilt: die **Katjes Fassin** GmbH & Co. KG. Katjes ist nach Haribo und Storck die Nummer 3 im deutschen Zuckerwarenmarkt. Auch sonst liefert Katjes unter dem Pseudonym Smile Factory die Sweetland Produkte bei Aldi, beispielsweise die Joghurt Früchtchen.

➤ Läusemäuschen-Sorten:
Fruchtgummi, Cola

Die Lakritzkatze aus Sizilien
Man schrieb das Jahr 1910, als Xaver Fassin aus Sizilien ein Rezept zur Herstellung von Lakritze mitbrachte. Sein Sohn Klaus überlegte nicht lange und stellte mithilfe dieser Rezeptur eine kleine schwarze Lakritzkatze her. Die Nähe zu Holland verleitete ihn dazu, das Produkt „Katjes" zu nennen, was im Holländischen „kleine Kätzchen" bedeutet. Da sich dieses Produkt so erfolgreich verkaufte, gründete er 1950

das Unternehmen Katjes Fassin GmbH + Co. KG, das 1971 die ersten Fruchtgummis aus echtem Joghurt unter dem Namen Yoghurt-Gums auf den Markt brachte. Seit 1991 werden diese Fruchtgummis nur noch mit natürlichen Farbstoffen hergestellt. Im Rahmen der weiteren Expansion überahm das Unternehmen aus Emmerich Dr. Hillers Pfefferminzbonbon, die Firma Villosa mit den Marken Sallos und Hustellinchen, Ahoj-Brause und Gletschereis. Seit 2005 stellt Katjes Fassin in Lizenz auch die Granini-Fruchtbonbons her. So wurde aus der kleinen schwarzen Katze der drittgrößte Zuckerwarenhersteller Deutschlands – „jes, jes, jes" …

Aldi Nord und Süd

Mäuse-Chips
snack and smile Company GmbH
22094 Hamburg

Auch hier wirft sich wieder ein großes Unternehmen in die Bresche. Hinter der snack and smile Company steckt die **Intersnack GmbH,** die mit der Marke „funny-frisch" ein Spezialist in Sachen Chips ist. Mehr zu Intersnack erfahren Sie auf Seite 36.

➤ Geschmacksrichtungen der Mäuse-Chips:
Original, Paprika

Aldi Nord und Süd
Flip Flap Eis
Rosen Eiskrem GmbH
52518 Heinsberg

Rosen Eiskrem ist groß im Geschäft mit Handelsmarken. Da ist es nicht weiter verwunderlich, dass sich das Heinsberger Unternehmen auch bei Leo Lausemaus engagiert. Mehr zu Rosen Eiskrem erfahren Sie auf Seite 69.

➤ Das Flip Flap Eis gibt es in den Geschmacksrichtungen:
Joghurt Erdbeer, Joghurt Himbeer, Joghurt Heidelbeer und Joghurt Exotik

Aldi Nord und Süd
Wurst
Böklunder Plumrose
24860 Böklund
Veterinärkontrollstempel:
DE EV 809

Im Bereich Wurstwaren stellt der **Böklunder** Wursthersteller extra Produkte für Leo Lausemaus her. Da gibt es Wiener Würstchen, Fleischwurst, Cocktail Würstchen, Leberwurst, Salami und Mortadella. Damit die Kleinen nicht zu viel Fett abkriegen, sind alle Produkte fettreduziert. „Öko-Test" hat sich die Mortadella etwas genauer angeschaut und ihr das Testurteil „sehr gut" zugeschrieben.
Wer einen Blick auf die Veterinärkontrollnummer wirft, wird sich vielleicht wundern, denn diese steht für die Zerbster Spezialitäten-Fleischwaren GmbH. Aber das ist nicht weiter schlimm, ist dies doch ein weiterer Standort von Böklunder.

Wellness und Gesundheit

Diese Produkte werden bei Aldi Süd unter St. Benedikt und bei Aldi Nord unter St. Christoph vertrieben. Als Lieferanten stehen beiden Aldi-Imperien dieselben Firmen zur Verfügung, so dass wir hier auf eine Unterteilung in Aldi Nord und Aldi Süd verzichtet haben. Wer diese Lieferanten sind, stellen wir Ihnen im Folgenden dar.

Aldi Nord und Süd

Antiseptische Wund + Brandsalbe
Pro Dimi Markenprodukte
GmbH & Co. KG
Postfach 55 01 48
44209 Dortmund

Pro Dimi Markenprodukte GmbH & Co. KG stellt seit 1994 Produkte rund um das Wohlbefinden her. Dazu zählen Arzneimittel, Medizinprodukte, Nahrungsergänzungsmittel sowie Kosmetika. Pro Dimi gehört zur Unternehmensgruppe **MDS Industriebeteiligungen,** der auch MMF Foodproduction sowie Merx Markenprodukte angehören.

➤ Andere Produkte von Pro Dimi im Aldi-Regal:
Baldrian + Hopfen Dragees, Ginseng Tonikum P, Antiseptische Wund- und Brandsalbe, Rheuma Salbe Triplex, Teufelskralle Kapseln, Galle-Dragee mit Artischocke, Kürbiskerne, Husten- und Bronchialtee N

Aldi Nord und Süd

Blasen- und Nierentee
Kräuterhaus Wild GmbH
& Co. KG
Produktions- und Vertriebs-
gesellschaft, 97508 Grettstadt

Am Anfang der Geschichte des Kräuterhauses Wild stand das Delikatessen- und Kolonialwarengeschäft in Baden-Baden, das Eduard Meßmer 1852 gründete. Wegen seiner Lage zog es zahlreiche Kurgäste an und bald bot Eduard Meßmer ausgesuchte Teesorten an. Über die Jahre wuchs das Unternehmen und der Markenname Meßmer Tee wurde über Deutschlands Grenzen berühmt. 1990 übernahm dann die **Laurens Spethmann Holding** AG & Co. KG, zu der auch die Ostfriesische Tee Gesellschaft – der Aldi-Tee-Lieferant – gehört, die Firma Meßmer. Damit verlagerte sich der Schwerpunkt des Geschäftes auf die Herstellung von Arzneitees. 1997 wurde das Unternehmen dann in Kräuterhaus Wild umbenannt.

➤ Weitere Produkte aus dem Kräuterhaus Wild:
Magen- und Darmtee

Aldi Nord und Süd

Vitamin E Kapseln
Krüger GmbH & Co. KG
Senefelderstraße 44
51469 Bergisch Gladbach

Die Firma **Krüger** kennen Sie ja vor allem aus dem Bereich löslicher Cappuccino-Spezialitäten. Aber ein großer Bereich der Krüger-Gruppe sind auch Pharma-Produkte. Darunter fallen auch Nahrungsergänzungsmittel, und so stammen auch die Vitalis Brausetabletten aus dem Hause Krüger.

Aldi Nord und Süd

Wundpflaster
Pantos Prod.- und Vertriebsges. mbH & Co. KG
21244 Buchholz

Die Firma **Pantos** produziert für den Bereich Hygiene und Kosmetik. Neben Papierprodukten wie Toilettenpapier und Taschentüchern gibt es feuchte Tücher wie beispielsweise Babytücher, die auch bei Aldi zu finden sind, Wattestäbchen und eben Pflaster. Die Sensitive Pflasterstrips aus dem Aldi-Regal haben bei „Öko-Test" sogar mit „sehr gut" abgeschnitten.

Aldi Nord und Süd

Melissengeist E
Pharma Aldenhoven GmbH & Co. KG
52457 Aldenhoven

Das Unternehmen **Pharma Aldenhoven** aus Nordrhein-Westfalen hat sich auf die Herstellung von freiverkäuflichen Arzneimitteln und Nahrungsergänzungsmitteln spezialisiert.

➤ Weitere Produkte von Pharma Aldenhoven:
Johanniskraut Dragees SN für die gute Laune an langen Winterabenden

Hygieneartikel

Aldi Nord	Aldi Süd
Kokett Kosmetiktücher	**Kokett Kosmetiktücher**
H.-Kimberly Deutschland GmbH	H.-Kimberly Deutschland GmbH
Rheinstraße 4N	Rheinstraße 4N
55116 Mainz	55116 Mainz

Hinter dem einfachen Kürzel H.-Kimberly verbirgt sich der Pionier des deutschen Toilettenpapiers: die Firma **Hakle-Kimberly.** Hakle-Toilettenpapier kennen Sie bestimmt. Aber kennen Sie auch die Geschichte dahinter? 1928 gründete Hans Klenk in Ludwigsburg die erste deutsche Toilettenpapierfabrik. Um gegen das Tabu der Toilettenhygiene anzugehen, entstand der Werbeslogan: „Verlangen Sie eine Rolle Hakle, dann brauchen Sie nicht Toilettenpapier zu sagen!“ Offenbar brachte das den Durchbruch, und Hakle ist bis heute gut im Geschäft. Seit 1999 gehört das Unternehmen zum Kimberly-Clark-Konzern, dem weltweit größten Produzenten von Haushalts- und Toilettenpapier. Kimberly-Clark ist zudem für ein ganz bekanntes Taschentuch verantwortlich: Kleenex.

Testurteile der „Stiftung Warentest“ und „Öko-Test“

In Tests der „Stiftung Warentest“ und von „Öko-Test“ gelangen Aldi Produkte immer wieder auf die vorderen Ränge. Wir haben aktuelle Testergebnisse für Sie zusammengestellt.

Artikel	Testurteil	Wann
ALMARE Schlemmerfilet „Bordelaise“	Stiftung Warentest gut (2,4)	02/2006
BELMONT Cappuccino Classico	Öko-Test sehr gut	05/2006
Bio-Joghurt Pur	Öko-Test sehr gut	02/2007
Bio-Premium Röstkaffee	Öko-Test sehr gut	02/2007
Bio-Sojadrink	Öko-Test gut	09/2007
Bio-Sommergemüse	Öko-Test sehr gut	02/2007
Bio-Spaghetti	Öko-Test sehr gut	02/2007
Bio-Vollmilch	Öko-Test gut	02/2007
BUTTELLA feines Sonnenblumenöl	Öko-Test gut	03/2006
CARIBIC BODYCARE Pflegedusche Tropic Dream	Öko-Test gut	Ratgeber Kosmetik für 2007
CARIBIC Creme-Seife Milch & Honig, flüssig	Öko-Test gut	Jahrbuch Kosmetik & Wellness/2007
CARIBIC Pflegedusche Sensitive	Stiftung Warentest gut (1,7)	05/2006

CUCINA Originale Italiana Spaghetti	Öko-Test sehr gut	Jahrbuch Essen, Trinken und Genießen für 2007
ESKIMO Tiefgefrorene Fischstäbchen	Öko-Test gut	06/2006
GARTENKRONE Feinwürzige Gurken	Öko-Test gut	08/2007
GOLDFIT Apfelschorle	Öko-Test gut	07/2007
GRANDESSA Erdbeer Konfitüre, extra	Öko-Test sehr gut	10/2006
King-Prawns Riesengarnelen-Schwänze	Stiftung Warentest gut (2,1)	04/2006
KNUSPERONE Früchte Müsli	Stiftung Warentest gut	09/2006
KOKETT Toilettenpapier, 3-lagig	Stiftung Warentest gut (2,2)	07/2006
KÖNECKE Mortadella Wurst	Öko-Test sehr gut	03/2006
KÜR BASIC Shampoo Mandelmilch	Öko-Test gut	Jahrbuch Kosmetik & Wellness/2007
KÜR Pflege-Shampoo Anti-Schuppen	Stiftung Warentest gut (2,4)	09/2007
KÜR Shampoo Hydro-Pflege	Öko-Test gut	Jahrbuch Kosmetik & Wellness/2007
KÜR Styling Schaumfestiger Volumen	Öko-Test gut	Ratgeber Kosmetik & Wellness/2007

KÜR Styling Wet-Gel stark	Öko-Test gut	Ratgeber Kosmetik & Wellness/2007
LACURA Antifalten-Tagescreme	Öko-Test sehr gut	Jahrbuch Kosmetik & Wellness/2007
LACURA Aqua-Depot	Öko-Test gut	08/2007
LACURA Körperlotion	Öko-Test sehr gut	Jahrbuch Kosmetik & Wellness/2007
LACURA Pflegecreme Reife Haut	Öko-Test sehr gut	Ratgeber Kosmetik & Wellness 06/2006
LACURA Reinigungsmilch mit Aloe Vera	Öko-Test sehr gut	08/2007
LACURA Nachtcreme	Öko-Test gut	08/2007
LEO LAUSEMAUS Wurstvariationen Mortadella	Öko-Test sehr gut	07/2007
MAXIMUS High Premium Hundevollnahrung	Stiftung Warentest sehr gut (1,5)	09/2006
MILFINA fettarmer Joghurt mild	Öko-Test sehr gut	03/2007
MOSER ROTH Feine Schokolade	Öko-Test sehr gut	Jahrbuch Essen, Trinken und Genießen für 2007
MULTINORM Soja-Isoflavon-Kapseln	Öko-Test gut	Jahrbuch Gesundheit 2006

NUTOKA Nuss-Nugat-Creme	Öko-Test sehr gut	11/2006
OMBIA SUN Sonnencreme Visage, LSF 20	Öko-Test sehr gut	Jahrbuch Kosmetik & Wellness/2007
OMBIA SUN Sonnenmilch für Kinder, LSF30	Öko-Test sehr gut	06/2006
OMBIA SUN Sonnenmilch LSF 10	Stiftung Warentest gut (2,1)	07/2007
PRINCE SHAVE Rasierschaum	Öko-Test gut	Jahrbuch Kosmetik & Wellness/2007
RIO D'ORO ACE-Drink	Öko-Test gut	Kompakt Nr. 6 Januar 2007
RIO D'ORO Blutorangen-Direktsaft	Stiftung Warentest gut (2,5)	10/2006
RIO D'ORO Orangen-Direktsaft	Stiftung Warentest gut (2,5)	10/2006
ST. CHRISTOPH Sensitive Pflasterstrips	Öko-Test sehr gut	03/2007
SOLO Luxus Toilettenpapier	Stiftung Warentest gut (2,0)	7/2006
TANDIL ultra-plus Vollwaschmittel	Öko-Test gut	10/2007
TIZIO Espresso-Bohnen	Öko-Test sehr gut	01/2007

Links rund um Aldi

http://www.aldi-essen.de
Auf der Webseite von Aldi Nord bekommt man Informationen zu den aktuellen Schnäppchen und darüber, was neu im Sortiment ist. Wer will, kann sich das Aldi-Prinzip erklären lassen und erfährt, wo der nächste Aldi zu finden ist. Neu sind die Services, die man über die Seite in Anspruch nehmen kann: Reiseservice, das Handy-Angebot Aldi-Talk sowie der Fotoservice.

http://www.aldi-sued.de
Die Aldi-Süd-Seite hält außer den aktuellen Angeboten auch noch ausführliche Informationen zum Sortiment bereit. Hier erfährt man, welche Produkte es in den Linien „Be light", „bio" und bei den Gesundheitsprodukten gibt. Zusätzlich findet man hier noch allerhand Rezepte, es werden die von „Stiftung Warentest" und „Öko-Test" ausgezeichneten Produkte vorgestellt, außerdem Fleisch und Kaffee. Der Kunde erfährt weiterhin, wie die Qualität bei Aldi gesichert ist oder wo sich der nächste Aldi-Markt befindet und erhält Zugang zu den Services Reise, Talk und Foto. Eine übersichtliche Seite rund um Aldi.

http://www.wer-zu-wem.de
Hier werden Sie fündig, wenn Sie Informationen zu Herstellern und dem Einzelhandel suchen. Auf der Seite sind die Verflechtungen der Lebensmittelbranche gut nachvollziehbar.

http://www.koever.com
Vom Aldi-Fan Matthias Kövér erfahren Sie alles, was Sie über Aldi wissen sollten. Von einer Angebotsvorschau über Preislisten von

Aldi Süd und Aldi Nord und eine Bücherübersicht bis hin zu Links rund zum Thema Aldi.

http://www.lebensmittelmarken.de
Diese Seite widmet sich der Aufdeckung der Hersteller von No-Name-Produkten. Nicht nur bei Aldi, sondern auch bei anderen Discountern.

http://www.markenhersteller.de
Eine recht umfangreiche Seite, die viele Markenprodukte aufzählt und verrät, zu welchem Hersteller sie gehören.

http://www.discountfan.de
Hier erfahren Fans von Discountern alles, was sie über die neusten Schnäppchen wissen müssen.

http://btl.bvl.bund.de/index.cfm
Auf der Seite des Bundesamts für Verbraucherschutz und Lebensmittelsicherheit (BVL) können Sie nachschauen, welche Hersteller hinter den einzelnen Veterinärkontrollnummern stecken.

Kurz und knapp: Wer steckt dahinter?

In diesem Kapitel haben wir für Sie noch einmal die wichtigsten Vertriebs- oder Tochterunternehmen aufgelistet, unter deren Namen Markenhersteller Produkte bei Aldi anbieten (Angaben ohne Gewähr).

Alimarca France S.A., F-68550 Saint-Amarin
➤ **Valora Trade (Roland Murten AG)**

Allfein Feinkost GmbH & Co., 49393 Lohne
➤ **Wiesenhof**

Alpursa Lebensmittel GmbH, 60523 Frankfurt
➤ **Nestlé**

Burlwood Cellars, Modesto, USA
➤ **Ernest & Julio Gallo**

Artur Heymann GmbH & Co. KG, 23568 Lübeck
➤ **Hawesta Feinkost**

Backfrost Caldino GmbH, 49497 Mettingen
➤ **Coppenrath & Wiese**

Biscotto GmbH, 30006 Hannover
➤ **Bahlsen**

Blumenhof Feinkost GmbH, 83513 Reitmehring
➤ **Meggle**

Bonifaz Kohler GmbH, 88161 Lindenberg/Allgäu
➤ **Hochland**

Buss GmbH & Co. KG, 28866 Ottersberg
➤ **Heristo (Appel, Norda etc.)**

Büsumer Fischerei GmbH & Co. KG, 25797 Wöhrden
➤ **Heiploeg Gruppe**

Copack Tiefkühlkost Produktionsges. mbH, 27531 Bremerhaven
➤ **Frosta**

Coverna GmbH, 56751 Polch
➤ **Griesson de Beukelaer**

DE-VAU-GE Gesundkostwerk GmbH, 21306 Lüneburg
➤ **DE-VAU-GE (GranoVita)**

DFF Dairy Fine Food GmbH, 23909 Ratzeburg
➤ **Uelzena (Butaris)**

Diabessa GmbH, 97005 Würzburg
➤ **Frankonia Schokoladenwerke**

Dr. Schrödter GmbH, 49628 Essen
➤ **Wernsing Feinkost**

ECVG GmbH, 17087 Altentreptow
➤ **Humana Milchunion**

good food GmbH, 39285 Burg
➤ **Burger Knäcke / Brandt-Zwieback**

Grabower Süsswaren, 19300 Grabow
➤ **„produziert auch Liecken Urkorn"**

Hanse Feinkost GmbH, 27742 Cuxhaven
➤ **Heristo**

H.-Kimberly, 55116 Mainz
➤ **Hakle-Kimberly**

IBU GmbH, 63233 Neu-Isenburg
➤ **Lorenz Snack World**

Kräuterhaus Wild GmbH & Co. KG, 97508 Grettstadt
➤ **Ostfriesische Tee Gesellschaft Laurens Spethmann**

Ludwig Schokolade GmbH & Co. KG, 66702 Saarlouis
➤ **Trumpf Schokolade (Krüger-Gruppe)**

Lisner Feinkost GmbH, 46240 Bottrop

➤ **Nadler Feinkost**

Markus Kaffee GmbH, 28844 Weyhe

➤ **Aldi**

Meierbaer & Albro Spezialbrot, 59556 Lippstadt

➤ **Mestemacher-Gruppe**

Midor AG, CH-8706 Meilen

➤ **Migros**

Milchfrisch Vertriebs-GmbH, 87770 Oberschönegg

➤ **Ehrmann**

Moser-Roth GmbH, 13403 Berlin

➤ **August Storck**

Ostfriesische Tee Gesellschaft, 21218 Seevetal

➤ **Ostfriesische Tee Gesellschaft Laurens Spethmann (Meßmer, Milford)**

Meerrettich-Vertrieb EM, 91081 Baiersdorf

➤ **Schamel**

Milchfrisch Vertriebs-GmbH, 87770 Oberschönegg

➤ **Ehrmann (Früchtetraum, Almighurt)**

Premium Cosmetics GmbH, München

➤ **Dr. Scheller (Apotheker Dr. Scheller Naturkosmetik, Manhattan, Durodont)**

Paul C. Rumland, 22844 Nordstedt

➤ **Barry Callebaut – Stollwerck (Van Houten, Alpia etc.)**

Pauly GmbH, 61381 Friedrichsdorf

➤ **Brandt-Gruppe**

S & P GmbH, 99880 Waltershausen

➤ **THOKS – Thüringer Obstkuchen Spezialist**

Salat- und Mayonnaisenfabrik Hermann Ofterdinger GmbH, 49193 Bad Laer

➤ **Homann Feinkost**

Schulte Fleisch- und Wurstwaren GmbH, 49201 Dissen a.T.W.

➤ **Mühlen Gruppe (Böklunder Plumrose)**

Schlütter's Echte, 90451 Nürnberg

➤ **Ponnath**

Smile Factory GmbH, 40221 Düsseldorf

➤ **Katjes Fassin**

snack and smile Company GmbH, 22094 Hamburg

➤ **Intersnack (funny-frisch, Goldfischli u.a.)**

St. Hubertus Dauerbackwarenvertrieb GmbH, 31303 Burgdorf

➤ **Georg Parlasca Keksfabrik**

T.M.A. GmbH, 86850 Fischach

➤ **Müller Milch**

Tillman's Fleisch & Convenience GmbH, 06667 Weißenfels

➤ **B + C. Tönnies Fleischwerk**

Trumpf Schokoladenfabrik, 66720 Saarlouis

➤ **Krüger-Gruppe**

Verdener Keks- und Waffelfabrik, 27263 Verden

➤ **Hans Freitag**

Voss Feinkost, 49193 Bad Laer

➤ **Homann Feinkost**

W. L. Ahrens GmbH & Co. KG, 33054 Paderborn

➤ **STUTE Nahrungsmittelwerke**

Waldbaur Feine Schokoladen GmbH, 51149 Köln

➤ **Stollwerck (Van Houten, Alpia etc.)**

Die Veterinärkontrollnummer

Die Veterinärkontrollnummer befindet sich auf allen abgepackten tierischen Lebensmitteln, das heißt, auf allen Milch-, Fleisch- und Fischerzeugnissen, die innerhalb der EU verkauft werden. Sie soll den Konsumenten und den Verbraucherschutzbehörden dabei helfen, den Herkunftsbetrieb leicht festzustellen.

Die Veterinärkontrollnummer besteht aus einer Zahlen-Buchstabenkombination und gibt den Betrieb an, in dem das Produkt zum letzten Mal verarbeitet oder verpackt wurde. An erster Stelle steht das Länderkürzel, beispielsweise D oder DE für Deutschland. Den Abschluss bildet die landestypische Abkürzung des Begriffs Europäische (Wirtschafts-)Gemeinschaft, zum Beispiel EWG (oder EG). Bei der Auflistung der Veterinärkontrollnummern haben wir diesen Zusatz aus Platzgründen weggelassen.

Der Mittelteil hängt ganz vom Produkt ab. Bei Milchprodukten folgt in Deutschland zunächst die Abkürzung für das Bundesland, also zum Beispiel BY für Bayern. Dann folgt die Zahl für den jeweiligen Betrieb. So steht DE BY 111 für die Molkerei Meggle im bayrischen Wasserburg am Inn.

Bei Fleischerzeugnissen wird statt des Kürzels für das Bundesland die Art des Fleisch verarbeitenden Betriebs angegeben, zum Beispiel steht EV für Verarbeitungsbetrieb. So findet sich unter DE EV 49 die Buss GmbH & Co. KG.

Wir haben uns bei Aldi umgesehen und präsentieren Ihnen hier eine Auswahl der bei Aldi vorkommenden Veterinärkontrollnummern mit ihren Besitzern. Wollen Sie es genauer wissen, werden Sie über die Seite des Bundesamts für Verbraucherschutz und Lebensmittelsicherheit (BVL) fündig werden.

Molkereierzeugnisse	
AT M-N 11	NÖM, Baden, Österreich
AT M-T 032	Tirolmilch, Wörgl, Österreich
DE BE 003	Vereinigte Molkereizentralen GmbH & Co. KG, Berlin
DE BY 111	Molkerei Meggle Wasserburg GmbH & Co. KG, Wasserburg am Inn
DE BY 301	Goldsteig Käsereien Bayerwald GmbH, Cham
DE BY 303	Naabtaler Milchwerke, Milchwerke Bechtel oHG, Betrieb Schwarzenfeld, Schwarzenfeld
DE BY 403	Milchwerk, Oberfranken-West eG, Meeder/Wiesenfeld
DE BY 707	Allgäuland Käsereien GmbH, Augsburg
DE BY 718	Molkerei Alois Müller GmbH & Co., Altusried
DE BY 7125	Bergland Naturkäse GmbH, Lindenberg im Allgäu
DE BY 721	Zott KG, Mertingen
DE BY 723	Molkerei Heinrich Gropper KG, Bissingen
DE BY 727	Ehrmann AG, Oberschönegg
DE BY 745	Hochland, Reich, Summer & Co., Heimkirch
DE MV 026	Euro Cheese Vertriebs GmbH, Altentreptow
DE NI 033	Heideblume Molkerei Elsdorf-Rotenburg eG, Elsdorf
DE NI 056	Molkerei Grafschaft Hoya eG, Asendorf
DE NI 090	Molkerei Ammerland eG, Oldenburg
DE NI 087	Roncadin GmbH, Osnabrück
DE NI 102	Eisbär Eis GmbH, Apensen
DE RP 247	Milchunion Hocheifel eG, Pronsfeld
DE SN 016	Sachsenmilch AG, Leppersdorf
DE ST 216	Milchwerke Mittelelbe, Stendal
DE TH 601	Milchwerke Thüringen GmbH, Standort Erfurt, Erfurt

Fleischerzeugisse	
DE EV 1050	Schlütter's Echte! Nürnberger Rostbratwürste GmbH & Co. KG, Nürnberg
DE EV 107	Windau GmbH & Co. KG, Harsewinkel
DE EV 1161	Heinrich Kühlmann GmbH & Co. KG, Rietberg
DE EV 1174	Naumburger Fleischwaren GmbH & Co. KG, Wethau
DE EV 120	Glonnthaler Fleisch- und Wurstwaren GmbH, Starnberg
DE EV 15	Westfälische Fleischwarenfabrik Stockmeyer GmbH, Sassenberg
DE EV 1519	Specht Fleischwaren Vertriebs GmbH & Co. KG, Borgholzhausen
DE EV 1549	Schinkenhof GmbH & Co. KG, Achern
DE EV 1612	Füngers Feinkost GmbH & Co. KG, Oranienbaum
DE EV 1782	Allfein Feinkost GmbH & Co. KG, Niederlassung Zerbst, Zerbst
DE EV 25	Homann Feinkost GmbH & Co. KG, Dissen
DE EV 27	H. Kemper GmbH & Co. KG, Nortrup
DE EV 254	Vossko-Tiefkühlkost GmbH, Ostbevern
DE EV 275	Heidemark Mästerkreis GmbH & Co KG, Garrel
DE EV 298	Schlösser Fleischwarenfabrik GmbH & Co. KG, Herzebrock - Clarholz
DE EV 3	Plumrose-Böklunder GmbH, Böklund
DE EV 330	Ponnath GmbH & Co., Kemnath
DE EV 362	Freiberger Lebensmittel GmbH & Co., Berlin
DE EV 40	Eugen Rehm Esslinger Fleischwaren GmbH & Co. KG, Esslingen/ N.
DE EV 49	Buss GmbH & Co. KG, Ottersberg
DE EV 61	Heinrich Nölke & Co., Versmold

DE EV 717	HoWe GmbH & Co. KG, Nürnberg
DE EV 73	Karl Könecke Fleischwarenfabrik GmbH & Co. KG, Bremen
DE EV 87	Fleischwarenfabrik Heinrich Nölke GmbH & Co. KG, Werk II, Versmold
DE EV 809	Zerbster Spezialitäten Fleischwaren GmbH, Zerbst
DE EV 871	Schmälzle Fleischwaren GmbH, Pfullingen
DE EV 93	Nadler Feinkost GmbH, Bottrop
DE EV 902	Vogt & Wolf, Westfälische Wurstwaren, Gütersloh
DE EV 917	B + C. Tönnies Fleischwerk GmbH & Co. KG, Rheda-Wiedenbrück
DE EV 971	Freiberger Lebensmittel GmbH & Co. KG, Muggensturm
DE EZ 355	Müller Fleisch GmbH, Birkenfeld
DE-NI 10045	Heidemark Mästerkreis GmbH & Co KG, Garrel
DE-NI 10021	Emsland Frischgeflügel GmbH, Haren-Hüntel
DE NI-EV 571	H. Kemper GmbH & Co. KG, Cloppenburg
DE NI-EV 921	Schwarz Cranz GmbH & Co., Neu Wulmstorf

Geflügelerzeugnisse	
EZG 113	Wiesenhof Geflügelspezialitäten GmbH & Co, Zweigniederlassung Holte
EZG 1782	Allfein Feinkost GmbH & Co. KG, Niederlassung Zerbst
EZG 214	Wiesenhof Geflügelspezialitäten GmbH & Co. KG, Lohne
EZG 251	Märkische Geflügelhof-Spezialitäten GmbH & Co. KG Königs Wusterhausen, Niederlehme

EZG 57	Wiesenhof Geflügelspezialitäten, Bogen
DE-NI 10000	Gebrüder Stolle GmbH & Co. KG, Visbek
DE-NI 10021	Emsland Frischgeflügel GmbH, Haren-Hüntel
DE-NI 10045	Heidemark Mästerkreis GmbH & Co KG, Garrel

Fischereierzeugnisse	
BY-EFB 502	Prime Catch Seafood GmbH, Burgthann-Oberferrieden
MV EF 009	Freiberger Lebensmittel GmbH & Co, Muggensturm
MV-EFB 030	Nadler Feinkost GmbH, Bremerhaven
NI-EFB 001	Schottke, Bremerhaven (Frosta)
NI-EFB 016	Beeck Feinkost GmbH, Hamburg
NI EFB 064	Beeck Feinkost GmbH, Cuxhaven
NI-EFB 080	Appel Fisch Feinkost GmbH & Co. KG, Cuxhaven
NW-EFB 215	Fritz Homann Lebensmittelwerke GmbH, Dissen
SH-EFB 009	Heinrich Hamker Lebensmittelwerke GmbH & Co. KG, Bad Essen-Lintrop
SH-EFB 012	Apetito AG, Rheine
SH EFB 013	Nadler Feinkost GmbH, Bottrop
ST-EFB 004	Hawesta-Feinkost, Hans Westphal GmbH & Co. KG, Lübeck

Über die Autoren

Sylvia Schaab ist Wirtschaftswissenschaftlerin und arbeitet als freie Journalistin und Buchautorin. Dabei befasst sie sich unter anderem auch mit Verbraucherthemen und veröffentlichte im Südwest Verlag das Buch „Welche Qualität steckt dahinter – Gütesiegel und was sie wert sind".

Werner Eschenbek ist Kulturwissenschaftler und schreibt für verschiedene Magazine und Zeitungen. Zu seinen Themen gehören Restaurantkritiken und gesunde Lebensweise. Er ist Co-Autor der „Aldi-Abnehmlisten" und des Buches „Einfach schlank mit Aldi".

Literatur

Franz Kotteder: Die Billiglüge. Die Tricks und Machenschaften der Discounter. München: Droemer Verlag, 2005.

Dieter Brandes: Die 11 Geheimnisse des Aldi-Erfolgs. München: Piper Verlag, 2006.

Alle Beschreibungen und Klassifizierungen sind mit großer Sorgfalt erstellt. Eine Gewährleistung für Richtigkeit, Vollständigkeit und Irrtümer sowie daraus entstehende Schäden ist grundsätzlich ausgeschlossen. Geschützte Marken werden ohne Gewährleistung der freien Verfügbarkeit wiedergegeben. Die Namen sind entweder eingetragene Warenzeichen oder sollten als solche behandelt werden. Alle Rechte der erwähnten Marken liegen bei den jeweiligen Markeninhabern. Die Erwähnung in diesem Ratgeber erfolgt gem. § 23 Markengesetz.

Redaktionsleitung: Susanne Kirstein
Umschlaggestaltung: R.M.E. Eschlbeck/Kreuzer/Botzenhardt, München
Konzeption und Realisation: ABC MEDIENAGENTUR, Augsburg
Bildredaktion: Annette Mayer
Fotos: Georg Lehmacher, Friedberg
U 1: Getty Images/Photodisc

Die Ratschläge in diesem Buch sind sorgfältig erwogen und geprüft,
dennoch kann eine Garantie nicht übernommen werden.
Eine Haftung der Autoren bzw. des Verlags und seiner Beauftragten
für Personen-, Sach- und Vermögensschäden ist ausgeschlossen.

Satz: Atelier Georg Lehmacher, Friedberg (Bay.), www.lehmacher.de
Litho: Artilitho, Lavis (Trento)
Druck und Bindung: Uhl Radolfzell
Printed in Germany

ISBN 978-3-517-08381-0

817 2635 4453 6271

Folgende Bücher sind ebenfalls im Südwest-Verlag erschienen:

978-3-517-06938-8

978-3-517-06780-3

978-3-517-08293-6

978-3-517-08273-8

978-3-517-08394-0